ŒUVRES

DE

M. LINGUET.

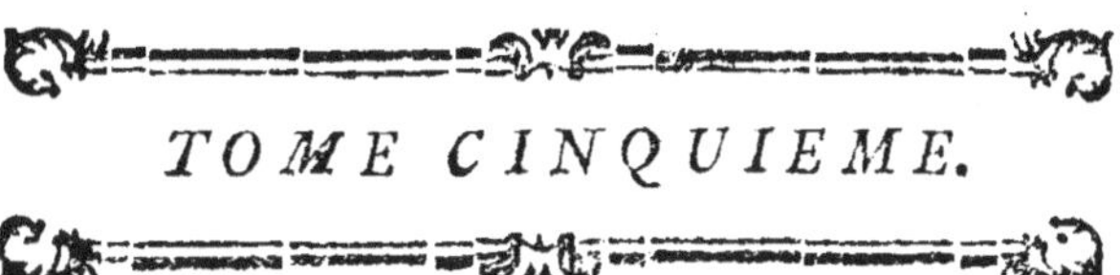

TOME CINQUIEME.

THÉORIE
DES LOIX CIVILES.

NOUVELLE ÉDITION,

REVUE, CORRIGÉE ET AUGMENTÉE.

Erudimini qui judicatis.
Pfalm.

TOME TROISIEME.

A LONDRES.

M. DCC. LXXIV.

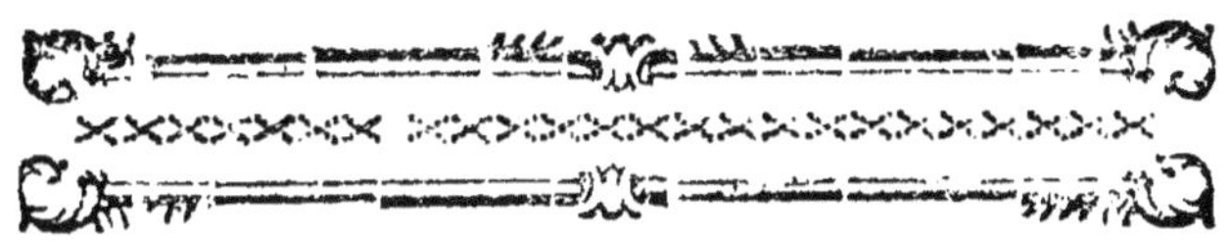

THÉORIE
DES LOIX CIVILES

O U

PRINCIPES

FONDAMENTAUX

DE LA SOCIÉTÉ.

CHAPITRE XVII.

Des loix d'Athenes & de Rome, relativement à la faculté de tester.

IL est vrai que suivant Plutarque, la législation d'Athenes s'écarta de cette politique. Cet historien nous apprend que jusqu'à Solon il n'avoit pas été loisible de

tefter dans cette ville. Il falloit néceſ-
faire ment que les biens paſſaſſent aux
héritiers, nommés par la loi : ce qui
confirme tout ce que nous avons dit
plus haut ſur ce ſujet. Solon, élu légiſlateur de ſa patrie, y introduiſit la
formalité des teſtaments ; mais il la
reſtreignit aux citoyens qui mouroient
ſans enfants : par - là il dérogeoit à
l'ancien droit, ſans pourtant le détruire. Il l'éludoit dans une partie, &
le conſervoit dans l'autre.

M. de Monteſquieu trouve *la loi
d'Athenes plus conſéquente que celle de
Rome (a)*. Mais c'eſt que M. de Monteſquieu ſuppoſe deux choſes abſolument incompatibles. Suivant lui, les
légiſlateurs Romains ſongeoient à
borner la puiſſance paternelle, en
même-temps qu'ils lui donnoient la
plus grande étendue. Ils vouloient que

(a) Efprit des loix, liv. 27, qui n'a qu'un
chapitre.

le pere pût tout dans fa famille, & que pourtant il ne pût pas en faire fortir les biens.

« Ils avoient partagé les terres de
» leur petit état entre tous les citoyens ;
» leur but, dans le réglement des fuc-
» ceffions, étoit d'empêcher qu'on ne
» confondît les partages, & qu'il n'y
» eût plufieurs poffeffions raffemblées
» fur une même tête. C'eft pourquoi
» ils n'établirent que deux ordres d'hé-
» ritiers, les enfants & tous les def-
» cendants qui vivoient fous la puiffance
» du pere, & à leur défaut les plus
» proches parents par mâles. Or, la
» permiffion indéfinie de tefter éludoit
» cette loi, & ouvroit la porte à la
» confufion des partages, puifque le
» caprice d'un pere tranfportoit dans
» une autre maifon l'héritage attaché
» originairement à la fienne ». Voilà
en quoi confifte l'inconféquence que

M. de Montesquieu trouve dans les loix Romaines sur cette partie.

Pour juger si elle y existe en effet, il ne faut qu'examiner si réellement le but des législateurs avoit été de prévenir la confusion des partages, & de borner chaque famille à la portion qui lui étoit échue lors de l'établissement de la loi. Or, je vois deux raisons qui démontrent que c'est à quoi ni Romulus, ni Numa, ni les Décemvirs n'avoient jamais pensé.

La premiere, c'est cette même faculté de tester accordée aux peres : mais comme c'est précisément l'objet qu'il s'agit d'éclaircir, & qu'on pourroit refuser de regarder comme une preuve l'occasion de la difficulté, en voici une seconde qui me paroît sans réplique. C'est qu'à Rome les aliénations à perpétuité étoient permises. Le transport des biens d'une maison dans une autre avoit paru si indifférent aux législateurs Romains, qu'ils en autoriferent le commerce; ils fongerent fi peu à le prévenir qu'ils ratifierent les conventions qui devoient néceffairement le produire.

Les biens fortent beaucoup plus fouvent & plus aifément des familles par les ventes , que par le défaut d'héritiers mâles directs ou collatéraux. Si donc les Décemvirs avoient prétendu remédier à cet inconvénient , ils auroient dû défendre les aliénations , ou borner leur effet. Ils auroient établi des loix jubilaires , comme les *juifs* dont la légiflation fe propofoit décidément de conferver à chaque ligne l'héritage de fes peres. Les ventes n'auroient été à Rome, ainfi que dans la Paleftine , que de fimples locations , dont la loi auroit déterminé la durée; elle n'auroit le prix donné en conféquence , que comme un emprunt; elle n'auroit laiffé au prêteur pour l'indemnifer que l'ufufruit du

bien hypothéqué pour fa sûreté pendant un certain nombre d'années :
après lefquelles le bien feroit retourné
à fon vrai propriétaire quitte & dé-
chargé de toute dette.

Mais aucun légiflateur n'eut fur les
bords du Tibre l'idée de cette police
qui avoit , comme les autres , fes
avantages & fes inconvéniens. Ils
penfoient fi peu à empécher un feul
homme de réunir plufieurs héritages ,
qu'ils permirent authentiquement à un
créancier de s'approprier jufqu'à la
perfonne du débiteur , après avoir
englouti tout fes biens. Ils vendirent
le pauvre au riche, & firent de la
liberté d'un citoyen la compenfation
d'une dette ufuraire.

C'eft vraiment à cette loi cruelle, &
non pas comme le fait M. de Montefquieu (a) , à la liberté indéfinie de
tefter qu'il faut attribuer les malheurs

____

(a) Même chapitre,

& les troubles qu'éprouva dans tous les temps la république. Il devoit être fort rare qu'il fe rencontrât un pere capable de préférer des étrangers à fes propres enfants. De pareilles difpofitions, combattues par la nature, par l'ufage, ne pouvoient avoir aucune influence fur la conftitution fondamentale de l'état : mais il devoit être trés-commun de trouver des débiteurs infolvables, & par conféquent des citoyens réduits au plus rude efclavage.

C'eft là ce qui introduifoit à Rome la funefte différence entre la richeffe & la pauvreté, dont parle l'efprit des loix. C'eft là ce qui aigriffoit le peuple, & lui rendoit odieux ce fénat fi refpectable en apparence, qui n'étoit au fond qu'une troupe de préteurs fur gages. Voilà pourquoi quelques citoyens avoient trop, & une infinité d'autres rien. Voilà pourquoi le peuple

A vj

écrafé, abîmé, par les manœuvres indignes de ces peres confcrits, fous les ordres, & pour l'intérêt de qui il combattoit, fut dans tous les temps réduit à redemander inutilement le partage des terres, qu'il n'obtenoit que pour en être privé le moment d'après.

Qu'on ouvre l'hiftoire, on y verra que tous les foulevements, arrivés au fujet des loix agraires, font occafionnés par le défefpoir des débiteurs que leurs créanciers ont ruinés. De tous ceux qui fe plaignent, il n'y en a pas un qui s'en prenne à la dureté de fon pere qui l'a privé de fon héritage. Tous crient qu'ils l'ont vendu pour fubfifter, ou qu'il a été confumé par l'art funefte des ufuriers, qui, cumulant toujours l'intérêt avec le principal, parvenoient bien-tôt à tripler, à quadrupler l'un par l'autre, & par conféquént à abforber toutes les reffources du débiteur. -

Il eft bien étonnant que M. de Montefquieu, qui a fait un traité exprès fur la décadence des Romains, en ait ainfi méconnu une des principales caufes. Il ne l'eft pas moins que parmi le nombre infini de reproches que méritent les loix Romaines, il fe foit précifément arrêté à celui dont elles étoient le moins fufceptibles. Il eft évident que loin d'être contradictoires, elles étoient très-conféquentes.

Un de leurs fondements c'étoit l'autorité defpotique des peres, & l'efclavage civil des femmes, ou fi l'on veut un terme plus doux, leur éternelle dépendance. Or, le droit illimité de tefter accordé aux uns, & la préférence affurée aux mâles fur les autres, fuivoient naturellement de ces deux principes, qui eux-mêmes avoient entr'eux, comme nous l'avons fait voir, une conexité néceffaire. Gêner, comme l'avoit fait Solon, le pouvoir de tefter, c'étoit l'anéantir à l'égard du plus grand nombre des citoyens. N'accorder la faculté de difpofer de .fes biens qu'à ceux qui n'avoient point d'enfants, c'étoit en exclure les peres. C'étoit faire céder le droit du maître à celui du fujet, & préférer la partie de l'état faite pour obéir, à celle qui étoit deftinée à commander.

C'eft vraiment en cette conduite qu'il y auroit eu de l'inconféquence, fi des confidérations très-importantes, & des raifons dont nous avons déjà rendu compte, ne l'avoient juftifiée. La loi d'Athenes fongeoit à l'intérêt des enfants. C'étoit en leur faveur qu'elle contenoit la propriété dans fes bornes naturelles. Elle ne lui permettoit de les franchir qu'au préjudice des étrangers. La loi de Rome n'avoit d'égard qu'à la prérogative des peres,

Elles la pouſſoit auſſi loin qu'il étoit poſſible de la faire aller. Toutes deux pouvoient s'appuyer ſur les inſtitutions primitives de la ſociété ; mais l'une en ſuivoit plus exactement l'eſprit que l'autre. Solon s'en écartoit en le rectifiant : les douze tables s'y conformoient avec la plus ſcrupuleuſe exactitude : elles n'étoient nulle part plus conſéquentes que dans celle de leurs diſpoſitions où M. de Monteſquieu les accuſe de ne l'avoir pas été.

CHAPITRE XVIII.

Que la cause de l'affoiblissement du pouvoir des peres, est la même que celle de la diminution du pouvoir des maris, c'est-à-dire, la corruption du gouvernement.

D'APRES ce qui précede, il est aisé de voir que le droit de tester fut une nouvelle précaution de l'esprit de propriété, pour mettre à couvert une des deux principales branches de la tige sociale, c'est-à-dire, le pouvoir paternel. Les institutions primitives sembloient n'avoir en vue que deux objets, l'autorité des maris sur leurs femmes, & celle des peres sur leurs enfants. Ce sont-là les deux premiers titres du code originel des hommes, à l'époque de leur civilisation. C'étoit auſſi les points les plus intéreſſants à fixer , & peut-être les réglements les plus utiles à maintenir.

Ce ſont cependaut les parties de ce même droit qui ont le plus ſouffert , au moins dans notre Europe , de la ſuite des temps. Il n'y en a point où l'on ſe ſoit plus écarté des principes qui les avoient fait établir. Ce ſont celles de toutes où les légiſlateurs modernes ſe ſont le moins attachés à l'eſprit de l'antiquité , & où même ils ſe ſont plus fait un devoir de le combattre.

Nous avons déjà fait voir la ſource de ce changement dans leurs maximes en parlant du mariage. Nous avons démontré que l'anéantiſſement de la puiſſance conjugale tenoit à la corrup-tion des gouvernements ; on a pu ſe convaincre que les femmes n'avoient dû les progrès de leur affranchiſſement, qu'à la deſtruction de leur patrie. Elles n'avoient pu être admises aux droits des citoyens que quand la cité n'existoit plus, & le relâchement de leurs fers n'étoit venu que de ce que les mêmes mains qui les en dégageoient, en avoient besoin pour en charger leurs maris.

On en peut dire autant des enfants. Le même principe les avoit fait enchaîner : la même cause opéra leur délivrance. Soumis comme leurs meres au joug le plus despotique tant que dura la simplicité, la frugalité antique, ils le secouerent comme elles à l'aide de la multiplication des vices. Ils ne commencerent à devenir libres, que quand leurs peres eurent commencé à connoître l'esclavage. Le progrès de l'indépendance civile des uns dans la famille, a toujours été en proportion de la servitude politique des autres dans l'état.

La même histoire qui nous admi-

niftre les preuves du premier fait ,
fournit auffi celles du fecond. C'eft
chez les Romains que je me contenterai
de fuivre cette dégradation finguliere
d'un principe fi refpecté des anciens
légiflateurs , ce développement d'une
jurifprudence fi oppofée au véritable
efprit de la fociété. C'eft chez eux que
je montrerai le pouvoir domeftique
combattu & détruit par un pouvoir
d'un autre genre , plus favorable aux
paffions , & par conféquent plus favorifé par elles.

Romulus , chef , ou plutôt confeil
d'une troupe de brigands, affociés pour
bâtir un village , qu'un concours heureux de circonftances rendit au bout
de plufieurs fiecles la capitale d'un
très-grand empire ; Romulus , décoré
par les hiftoriens du titre de roi , &
qui, dans fa légiflation même , n'ofoit
rien faire fans le confentement de fes
prétendus fujets ; Romulus fut celui

qui mit le glaive entre les mains des peres, & les rendit les arbitres fouverains du fort de toute leur famille. Femmes, enfants, domeftiques, tout dépendoit d'eux fans réferve dans cette république naiffante ; & la liberté des citoyens y fut fondée fur l'afferviffement de tout ce qui les environoit.

Cette compilation fameufe de loix, faite pour l'ufage d'un peuple à qui le fénat vouloit perfuader qu'il étoit libre, parce qu'il avoit cent rois au lieu d'un, les douze tables conferverent cette difpofition. Les mœurs ne la combattoient pas encore, & la conftitution même de l'état pouvoit la fupporter. Les Décemvirs, d'après le fondateur de Rome, voulurent que le pere eût fur fes enfants le droit de vie & de mort, & qu'il pût les vendre à fon gré. Ils ordonnerent que les enfants de fes enfants, &c. lui fuffent foumis aux mêmes conditions ; qu'il pût les vendre, les expofer, les battre, les punir pour leurs crimes, fans confulter la puiffance publique ; qu'il fût le feul juge, le feul magiftrat abfolu de fa famille ; enfin que le fruit même de leur induftrie, que tout ce qu'ils gagnoient par leurs talents, par leur adreffe, par leur bonheur, lui appartînt (a), & qu'ils ne fuffent auprès de lui qu'un inftrument propre à l'enrichir.

Ces principes fe foutinrent fans altération auffi long-temps que la jeuneffe de la république. Ils ne reçurent aucun echec tant que les fénateurs ne furent que des ufuriers courageux, & que le peuple conferva le droit d'acquitter de temps en temps fes dettes par une révolte. Mais quand leur lâche avarice eut vendu l'état à la prodigalité d'un d'entr'eux ; quand Céfar eut

____

(a) Hiftoire de la jurifprudence Romaine, premiere partie. §. 7.

acheté Rome avec les dépouilles de nos ancêtres ; & qu'Augufte y eut noyé le vain fantôme de la liberté dans le fang de fes citoyens ; alors ceux qui reftoient s'apperçurent d'une diminution de leurs droits civils , non moins confidérable que celle de leurs droits politiques.

Dès le temps de ce tyran fi lâchement loué , on voit que les peres ne pouvoient plus feuls décider du châtiment dû à leurs enfants criminels. Ils étoient obligés d'affembler leurs parents & leurs amis. La fentence émanoit de ce tribunal domeftique & non du feul chef de famille. Augufte étoit fi jaloux de ce pouvoir qu'il fe rendoit lui-même chez les parents réduits à la funefte néceffité de juger leurs fils. Il autorifoit par fa préfence les décifions de l'affemblée , & cachoit dans ce refpect apparent pour les anciennes loix , le moyen même qui préparoit leur ruine.

Les rois, sujets ou alliés des Romains, n'osoient plus eux-mêmes sans son consentement user de ce terrible droit du glaive dans leur famille, quoique leur double qualité de souverains & de peres, dût les rendre plus indépendants. Hérode avant que de faire mourir aucun de ses enfants consultoit soigneusement l'empereur (a) : il ne faisoit exécuter que de l'aveu du prince de Rome les jugements sanguinaires prononcés à Jérusalem.

Sous les successeurs d'Octave l'autorité despotique du trône affermie pas lui prit de nouveaux accroissements. En se développant, en inondant tout l'état, elle absorba la puissance paternelle, de même qu'un grand fleuve engloutit une infinité de petit ruisseaux. Le droit de vie & de mort, comme le plus intéressant, comme

____

(a) Voyez Joseph, histoire des juifs.

étant la marque la plus effentielle de la fouveraineté, fut auffi le premier attaqué. Adrien punit un pere qui en avoit fait ufage, quoique dans un cas très-excufable (a). Trajan en avoit déjà contraint un autre d'émanciper fon fils qu'il menaçoit d'un traitement rigoureux : & l'on fait que l'émancipation étoit le terme de la jurifdiction domeftique.

Cette jurifdiction ainfi minée fourdement par tous les princes dont elle compromettoit les droits, s'anéantit peu-à-peu. Elle difparut enfin fans qu'il foit poffible d'en indiquer l'époque. Ce qu'on fait, c'eft qu'elle ne furvécut point à Dioclétien. Sous lui il y avoit déjà long-temps que la vie des enfants ne dépendoit plus que des fouverains de l'état. Il acheva de fouftraire leurs perfonnes à tout autre efpece,

____

(a) Sa femme avoit été féduite par ce fils qu'il avoit fait périr.

d'autorité,

d'autorité , en révoquant authentiquement le droit de les vendre.

Si Conſtantin parut le rétablir enſuite (a), ce fut avec des modifications
qui prouvent combien il entendoit peu
reſtituer aux peres ce qu'ils avoient
perdu. C'eſt à l'indigence , & non à
la paternité qu'il accorde la permiſſion
de ſe décharger d'une famille onéreuſe.
Par ſa loi, la vente des enfants ne fut
plus qu'un acte de déſeſpoir , au lieu
qu'auparavant c'en étoit un de deſpotiſme.

En détruiſant la puiſſance des peres
ſur les perſonnes , on ne reſpecta pas
davantage celle que leur donnoit la loi
& l'uſage ſur les biens. Tous les chan-
gements ſur cette matiere ſont du
temps de la monarchie. La république
avoit fait des réglements pour la confirmer. Le gouvernement qui s'étoit

____

[a] Voyez dans le Code les loix de ces princes.

élevé fur les ruines de l'une en fit pour éluder l'autre , jufqu'à Juftinien qui lui porta enfin le dernier coup. Ce fut fous cet empereur que l'aviliffement , la corruption , & les infortunes des Romains furent au comble : ce fut auffi fous lui que l'ombre qui reftoit encore du pouvoir paternel acheva de s'évanouir.

Avant lui les autres princes , qui fapoient l'autorité paternelle , ne la dégradoient que peu-à-peu. On trouve dans le digefte une loi qui permet à un pere de réduire fon fils à une efpece de légitime , pourvu qu'il lui laiffe le quart de fon bien. C'étoit gêner fon autorité en la refpectant. Juftinien la renverfa.

Ce légiflateur qui faifoit des compilations , tandis que les Barbares déchiroient fes provinces ; qui fembloit chercher à fe confoler par la groffeur de fes recueils , de la diminution de

son empire, ne laissa plus aux peres que l'usufruit des biens échus par succession ou autrement à leurs enfants, qui en eurent la propriété. Il autorisa les enfants à se pourvoir contre les testaments des auteurs de leurs jours; on imagina sous lui ces termes inintelligibles d'inofficiosité. Il semble qu'après cela, il n'auroit plus été possible de rien enlever aux peres, si la jurisprudence moderne n'avoit encore été plus loin. Elle a renversé l'état des choses, au point que de nos jours, un fils peut être riche, & son pere indigent. L'un peut nager dans l'opulence, & l'autre croupir dans la misere.

Il y a plus : suivant les loix qui existent aujourd'hui dans l'Europe, l'état auquel le second est réduit, peut être leur ouvrage : elles le dépouillent souvent sur la demande du premier, sous prétexte que celui-ci est héritier de sa mere, & qu'il en exerce les droits : elles autorifent un fils à priver de la plus grande partie de fes biens l'auteur de fa vie. Les tribunaux écoutent patiemment ces répétitions odieufes. Celle des deux parties qui devroit être profcrite par les mœurs, eft celle en faveur de qui la juftice eft forcée de fe déclarer. Sous fa protection un fils rebelle brave tranquillement l'indignation publique, & jouit avec fécurité des tréfors qui l'en confolent. On ne fauroit être plus loin du principe primitif & fondamental de la fociété.

Nos peres nous l'avoient tranfmis dans toute fa pureté. Mais l'inconféquence de nos efprits plus variables encore que notre climat, ne nous a pas permis de nous foutenir dans cette précieufe immutabilité. Nous avons fatigué, décompofé, tranfmué ce principe primitif fans en devenir plus heureux. Notre inconftance l'a dénaturé bien loin de le perfectionner. Nous l'avons rendu méconnoifable par la foule d'inftitutions contradictoires , nuifibles , ridicules dont nous l'avons couvert.

En Afie il s'eft préfervé de ce mélange pernicieux. Il y a confervé fa fimplicité & fon reffort. Le pouvoir paternel en eft une des principales branches , & elle s'y foutient avec autant de vigueur que fa tige. Dans ces climats fortunés où tout l'empire n'eft confidéré que comme une grande famille , chaque famille eft cenfée y former un petit empire. Tout le pouvoir dans l'un & dans l'autre s'y dépofe entre les mains du chef : & les fujets heureux fous fa paifible adminiftration n'apprennent qu'avec une horreur compatiffante, le défordre, les troubles qu'un autre régime fait naître chez des peuples qui font affez groffiers , ou affez barbares pour ofer les dédaigner.

E iij

CHAPITRE XIX.

Conclusion de ce livre.

LES conséquences des principes que nous venons de poser font faciles à apercevoir. Il s'enfuit avec évidence qu'un des établiffements les plus utiles à la fociété, étoit la fubordination des enfants à leurs peres. Tous les moyens qui tendent à l'affermir font bons, & tous ceux qui en operent le relâchement font mauvais, par cela feul qu'ils détruifent une autorité primitive, immédiate, qui pénétre à la fois toutes les parties du corps politique, & y nourrit fans effort la foupleffe, l'obéiffance dont il a befoin pour fe maintenir.

La puiffance paternelle avec toute fon étendue, eft beaucoup plus propre que la civile pour éternifer la liaifon des différents degrés de la hiérarchie ſociale. Elle agit dans tous les temps, & avec la même vigueur. Elle n'a beſoin ni d'aſſiſtance pour faire reſpecter ſes ordres, ni de formalités pour les tranſmettre. Ils ſont auſſi-tôt connus que donnés, & auſſi-tôt accomplis que connus. Comme le pouvoir dont ils émanent eſt preſque infini, & que le terrain où il s'exerce eſt très-borné, l'éloignement ne ſauroit les affoiblir, ni la diſtance les dénaturer. Ils ne peuvent être ni ingnorés, ni contredits. Le bras qui doit en diriger l'exécution eſt toujours à portée de la bouche qui les notifie. Cette poſition n'admet ni excuſes, ni lenteurs, & beaucoup moins encore de révoltes.

La puiſſance civile au contraire n'a aucun de ces avantages. Elle eſt réduite à mouvoir une machine immenſe avec la même quantité de force qui sert à un chef de famille à en diriger une petite. Mais cette quantité qui suffit & au-delà dañs ce dernier cas, est impuissante dans l'autre. Ce n'est que par des efforts redoublés qu'on parvient à y suppléer : & alors la machine ne marche plus d'un mouvement uniforme & doux qui la conserve , mais par des secousses violentes qui la brisent. Tout se fatigue, tout s'use, parce que tout est également tendu.

Quand le prince commande, il faut qu'un autre fasse exécuter. Il faut des formes pour s'assurer si le commandement vient bien réellement de l'autorité qui a le droit de le faire. Avant qu'on sache ce qu'elle exige , il se passe un temps considérable , qui souvent déconcerte ses projets. La quantité de mains qu'elle est forcée de prendre à sa solde , la gêne encore & la retarde. Elle appréhende toujours

de leur remettre des armes trop effi-
caces. Elle ne peut rien faire feule ,
& elle tremble de fe faire aider par
des fecours trop puiffants. Elle s'affoiblit elle-même dans la crainte de fe
trouver à la difcrétion de fes agents ,
s'ils venoient à abufer de la portion de
pouvoir qu'elle leur confie.

Cette défiance , au fond , eft excu-
fable ; le feul moyen de fe garantir de
l'effroi qui la juftifie , ce feroit de re-
courir à l'adminiftration paternelle ,
& d'en faire l'affociée principale de
la fouveraineté , fa coopératrice infé-
parable : ce feroit que les princes
appuyaffent de toutes leurs forces
cette heureufe efpece de magiftrature
qui travaille pour eux , fans même
qu'ils le fachent. C'eft la feule qui ne
puiffe jamais devenir dangereufe. Les
hommages dont un pere eft l'objet
dans fa maifon ne fauroient dévelop-

per son ambition.   Le respect qu'ont
ses enfants pour lui, quelque loin qu'il
soit poussé, n'en fera jamais un usur-
pateur.

Il est donc évident que si tous les
gouvernements étoient bien éclairés
sur leurs véritables intérêts, ils ne
ménageroient rien avec tant de soin
que cette prétendue rivale, que leur
propre corruption leur apprend à redouter. Au lieu de détruire ses droits,
ils se feroient un plaisir & un devoir
de les étendre. Ils s'en approprie-
roient les effets.   Tous ces pouvoirs
obscurs & répandus dans l'intérieur
des familles, deviendroient pour eux
autant de leviers dont ils détermine-
roient aisément l'action. Ils se trouve-
roient puissants de toutes ces forces
dispersées, qui ne se réuniroient que
pour leur service.

Ce n'est pas seulement la politique

qui conseille cette administration, c'est aussi la justice. Le pouvoir des peres est d'autant plus naturel, que personne ne peut en jouir qu'après y avoir été soumis. C'est la loi du talion. Malheur à ceux qui n'ont pas d'enfants pour leur rendre le fardeau qu'ils ont porté.

Il est clair encore que les philosophes qui ont désapprouvé cette autorité sacrée, ont attaqué directement, contre leur intention sans doute, les premiers principes de la société. « L'âge » qui amene la raison, dit le célébre » Loke, met par là les enfants hors » du pouvoir paternel, & les rend » maîtres d'eux-mêmes, en sorte qu'ils » sont alors aussi égaux à leurs peres » & à leurs meres, par rapport à l'état » de liberté, qu'un pupille devient » égal à son tuteur, après le temps » de la minorité réglé par les loix ».

Cela pourroit être vrai dans l'état de

nature , où la ceffation des befoins d'un enfant eft auffi celle de fes obligations envers les parents qui l'affiftent : mais rien n'eft fi faux dans l'état civil. Si l'âge de raifon fuffit pour émanciper les enfants fans réferve , s'il les fouftrait fans retour au pouvoir paternel , ce même âge doit donc également anéantir toutes les autres efpeces d'autorités. Si , dès que je fuis en état de me conduire moi-même , je deviens par cela feul , égal à mon pere , pourquoi ne le ferai-je pas par la même raifon à mon prince ? Si le développement de mon intelligence & de ma vigueur brife le joug auquel la fociété feule m'a foumis relativement à l'auteur de mes jours , pourquoi le chef d'un empire qui n'a rien fait pour moi, auroit-il plus de privilege ? Ses prérogatives ceffent au moins en même-temps que celles de mon pere , & fi mon affranchiffement à l'égard de l'un eſt entier, il doit être encore bien plus complet à l'égard de l'autre. Cette conſéquence eſt inévitable, & ſon danger démontre celui du principe d'où elle ſuit néceſſairement.

THÉORIE
DES LOIX CIVILES.

LIVRE CINQUIEME.

*Du développement des loix rela-
tivement au pouvoir des maîtres
ſur leurs eſclaves.*

CHAPITRE PREMIER.

De l'eſclavage. Ce que c'eſt.

LE droit d'acheter des femmes,
de les multiplier, de les renvoyer à
ſon gré, aſſuroit les plaiſirs du propriétaire. Celui de gouverner deſpo-
tiquement ſes enfants aſſuroit ſon

repos. Toutes les loix faites fur ces objets affermiffoient fa poffeffion. Elles ornoient fa maifon, & lui donnoient des défenfeurs contre les violences étrangeres. Il en réfultoit pour lui un pouvoir auffi doux que folide. Mais ce n'étoit pas affez. Une tranquillité voluptueufe, ou un empire abfolu ne le garantiffoient pas des atteintes du befoin.

C'étoit ce fentiment importun qui l'avoit engagé à éluder, pour la premiere fois, les difpofitions de la nature, à intervertir l'ordre établi par elle. Mais il ne s'y étoit pas fouftrait, en fe préparant des reffources pour le fatisfaire. Il n'avoit fait même en quelque forte qu'en fortifier l'impreffion. Ses néceffités augmentoient avec fon domaine, & fes defirs avec fa jouiffance. Ce fut pour y pourvoir fans fatigue de fa part, qu'on lui permit d'avoir des efclaves.

Ce mot emporte la deſtruction de tous les droits de l'humanité pour l'être auquel il eſt appliqué. Ce n'eſt plus un homme : c'eſt ſuivant les occurrences, un inſtrument inſenſible ou une bête de charge agiſſante. il ne peut plus voir par ſes yeux ; il ne peut plus ſuivre que les mouvements d'une volonté étrangere. Tant qu'il reſte dans cet état, ſon exiſtence même n'eſt pas à lui. Excepté qu'il ne marche encore que ſur deux pieds : excepté qu'il ne fait ni mugir, ni hennir, & qu'à ſa mort on ne tire parti ni de ſa chair, ni de ſa peau, il n'y a plus aucune ſorte de différence entre lui & un bœuf, ou un cheval.

On le conduit comme eux au marché. On le fait trotter, ſauter, courir comme eux, pour vérifier la force ou la foibleſſe de ſes membres (a). On

____

(a) Voyez Struis & les autres voyageurs qui parlent des marchés d'eſclaves. On trouve dans le

ne lui permet de rien cacher à la curiofité inquiéte des acheteurs. Il eft expofé, fans diftinction de fexe, à l'examen le plus libre. L'art même lui donne fouvent ce que lui a refufé la nature. L'œil avide du marchand découvre en lui des perfections qu'il ne doit qu'à l'adreffe du vendeur (a). Sa nudité eft alternativement foumife à

droit Romain des cas redhibitoires prévus & fixés par la loi.

(a) C'eft dommage qu'aucun écrivain ancien ne nous ait confervé le détail des artifices qu'employoient dans ce temps-là les maquignons d'hommes pour farder & déguifer leurs marchandifes. On peut au refte en juger par les fecrets ufités parmi ceux de nos jours qui fe mêlent de ce commerce.

Les Negres les plus eftimés, par exemple, font ceux qui ont de groffes lévres; ils paffent pour être robuftes, & plus laborieux que les autres. Il y en a qui ont le malheur d'être enlevés de leur pays, fans avoir cet heureux figne de force & de patience. Avant que de les expofer en vente, on leur pique les lévres; on remplit ces piqûres de poudre à canon, & on y met le feu, d'où réfulte, comme on peut le croire, une enflure très-avantageufe pour l'auteur de l'opération. Il y en a beaucoup d'autres auffi ingénieufes & auffi humaines, qu'on ne peut trop admirer.

Ce qu'on pourroit admirer encore, c'èft que parmi les chrétiens les deux nations les plus adon-

l'inspection de l'industrie qui veut tromper, & de la défiance qui ne veut pas qu'on la trompe.

C'est en vain que la honte réclameroit dans son ame contre ce balotage odieux. Un pareil sentiment n'est pas fait pour lui. Son corps doit tout endurer, & son cœur ne doit rien sentir. Il est forcé de se prêter sans rougir à des épreuves avilissantes. L'admiration même que sa beauté excite, est toujours le fruit d'un outrage à sa pudeur & l'estime qu'on fait de sa force, est proportionnée à la dégradation qu'on lui prépare.

Il ne peut plus faire une seule action

---

nées à ce commerce, sont les Anglois & les Espagnols. Les premiers vont échanger en Guinée des hommes contre du tabac, ou de la ferraille : ils les transportent dans les habitations de l'Amérique, où ils les échangent une seconde fois contre de l'argent. Ce sont les seconds qui font la plus grande consommation de cette étrange espece de denrée. Ainsi tandis qu'on attribue au christianisme la suppression de l'esclavage, & que la philosophie y applaudit, ce sont les plus dociles chrétiens qui conservent l'usage d'acheter des hommes, & les plus grands philosophes celui de les vendre.

qui ne soit dirigée par l'intérêt de son maître. Non-seulement on s'approprie le fruit de ses travaux ; mais on tire même du profit de ses plaisirs. L'instinct le plus doux de la nature, est un piége dont on abuse contre lui, quand on ne lui ôte pas le pouvoir de s'y livrer. L'avarice se joue en tout sens de son existence ; elle pese, elle combine les avantages qu'elle en peut espérer, en le condamnant à une stérilité constante, ou en lui laissant une fécondité passagere. C'est d'après le résultat de ses calculs qu'elle s'arme d'un couteau pour lui faire essuyer une perte irréparable, ou qu'elle le conduit à des accouplements dont elle se réserve le fruit. Ce n'est point l'amour qu'elle lui permet d'éprouver : c'est une femelle qu'elle l'invite à faillir.

Le produit de ces unions honteuses est une proie dont elle s'empare aussitôt qu'elle est née. On la travaille, on la mutile, on la dénature, fuivant l'emploi auquel on la deftine : & les parents témoins de ces traitements cruels, réduits à les confidérer avec une infenfibilité ftupide, ou une douleur muette, feroient mille fois plus malheureux que les animaux auxquels on les affocie, fi à force de partager leur humiliation, ils n'en perdoient le fentiment, fi l'habitude en les familiarifant avec leur abaiffement, ne leur en cachoit la profondeur.

CHAPITRE II.

Examen du sentiment de M. de Montesquieu, sur l'origine de l'esclavage.

ON rencontre dans *l'Esprit des Loix* six chapitres (a) sur cette matiere. Tous ont pour titre : *de l'origine de l'esclavage* ; on s'attend à voir ce grand génie en préfenter la nature & la fource ; on efpere en pénétrer à fa fuite les principes & les effets ; on fe flatte que rien n'aura pu échapper à fa vue perçante, & que dans un livre qui lui a mérité, de la part de quelques perfonnes, le nom de *bienfaiteur du genre humain* ; on trouvera tout ce qui peut fe dire fur un fujet fi intéreffant pour l'humanité.

[a] Liv. 15, Chap. 2, 3, 4, 5, 6, 7.

On est bien surpris de n'apercevoir dans trois de ces chapitres que des plaisanteries. Les trois autres sont plus sérieux : mais deux d'entre eux sont si courts, ils contiennent des réflexions si frivoles, que le livre échappe de la main. On cherche avec étonnement s'il n'y a pas eu quelque erreur dans l'impression, ou dans la reliure. On se demande si ce ne sont pas des morceaux d'un autre ouvrage, insérés par méprise dans ce traité fameux qui promet le développement de l'*Esprit des Loix*.

Que nous apprend-il en effet dans les chapitres 6 & 7 du livre 15 ? *Il est temps*, dit l'auteur, *de chercher la vraie origine du droit de l'esclavage*, & cette recherche de sa part aboutit à nous apprendre que les Moscovites se vendent très-aisément, & *j'en sais bien la raison*, continue-t-il, *c'est que leur liberté ne vaut rien. A Achem tout le monde cherche à se vendre...... C'est que dans ces états les hommes libres, trop foibles contre le gouvernement, cherchent à devenir les esclaves de ceux qui tyrannisent le gouvernement. C'est-là l'origine du droit d'esclavage doux. Voici* (chapitre 7) *l'origine du droit d'esclavage cruel.* C'est qu'il y a des pays *où la chaleur énerve le corps, & affoiblit si fort le courage, que les hommes ne sont portés à un devoir pénible que par la crainte du châtiment.* Voilà, avec la plus rigoureuse exactitude, tout ce que nous apprend l'Esprit des Loix sur l'objet qui nous occupe.

Il n'y a certainement là rien d'instructif, ni rien même qui revienne au sujet. M. de Montesquieu nous montre de petites particularités fort douteuses peut-être, ou du moins très-indifférentes ; il s'attache à des détails relatifs à tel ou tel peuple, & qui, quand ils seroient vrais, seroient absolument sans conséquence pour tous les autres.

Ce peu de mots même est plein de contradictions.

La liberté des Moscovites ne vaut rien! mais il falloit donc dire pourquoi. Sans cela cette décision sentencieuse devient aussi frivole aux yeux de quiconque réfléchit, qu'elle paroît piquante à ceux de quiconque ne réfléchit pas. Pourquoi donc la liberté d'un Russe ne vaudroit-elle pas autant que celle d'un Polonois? Il y a des choses qui sont susceptibles de différents degrés de bonté : mais la liberté n'est point de ce genre ; ou elle est bonne, ou elle n'existe pas. Une mauvaise liberté est une chimere, & quiconque se défait de la sienne, parce qu'elle ne vaut rien, trompe son marchand : ce n'est point un homme libre qu'il lui a vendu, c'est un esclave : il l'étoit déjà avant le marché.

Reste à savoir si c'est ainsi qu'on peut envisager les Moscovites. Ils font,

font , dit-on , foumis à la fervitude politique , à un gouvernement arbitraire :
mais,comme cette efpece d'adminiftration eft très-éloignée de détruire la
liberté civile , & qu'au contraire l'une
n'eft jamais fi affurée , que quand
l'autre eft plus affermie , je ne vois
pas comment on peut dire que celle des
habitants de Pétersbourg ne vaut rien ,
& qu'ils la donnent à bon marché parce
qu'elle les embarraffe ?

On fe vend à Achem pour trouver
auprès des tyrans du gouvernement ,
un afyle contre le gouvernement ? Mais
qui eft-ce qui fe vendroit ainfi à Achem ?
Le bas peuple fans doute , la bour-
geoifie , les commerçants , c'eft-à-dire,
ces mouches utiles & laborieufes qui
amaffent le miel dont les frélons placés
au haut de la ruche font une diffipa-
tion fi révoltante. Mais M. de Montefquieu oublie que fuivant fes principes mêmes ; dans ces états foumis à

ce qu'il appelle le defpotifme , il faut que *la tête du moindre citoyen foit en fûreté , & celle des Bachas toujours expofée.*

Dans cette fituation des chofes, eft-ce auprès des opprimés qu'on fe flatte-roit de trouver un refuge contre l'op-preffion ? Eft-ce à ceux qui craignent tout , que ceux qui n'ont rien à crain-dre iroient demander de les protéger ?

Dans les pays gouvernés comme Achem , le peuple n'a point d'autres ennemis que les grands. Le prince eft fon vengeur , & non fon épouventail. Ce n'eft point en fon nom qu'on tyran-nife : au contraire, c'eft en fon nom qu'on punit les tyrans. Comment donc pourroit-il infpirer affez d'effroi, pour faire appréhender aux fujets obfcurs de refter libres , indépendants de tout autre pouvoir que du fien ? Quand des pigeons font pourfuivis par l'oifeau de proie , ils cherchent un afyle dans la maifon de leur maître : mais on n'en voit pas fe précipiter dans les ferres des éperviers , pour fe fouftraire à l'empire de ce maître qui les défend & les nourrit.

Je crois bien qu'à Achem comme ailleurs, on fait fa cour aux grands pour en être ménagés. On fe couche devant ces ours cruels pour n'en être pas dévorés. Il fe peut même qu'il y ait une efpece de patronage, tel qu'on le vit antrefois à Rome ; il eft poffible qu'on affecte d'y paffer pour être la créature d'un homme en place, afin d'être plus confidéré ; je conçois que la légiflation a pu refferrer ces liens , & en faire réfulter de véritables devoirs de part & d'autre , dans la vue d'unir davantage les deux extrémités de l'Etat , de rendre les petits plus affurés, & les grands moins impitoyables, & d'avoir par conféquent moins de vexations à punir.

C ij

Mais regarder cette liaison volontaire & intéressée, comme une servitude effective, suppoſer qu'elle introduit une dépendance réelle & incompatible avec la liberté civile, c'eſt encore une inadvertance de nos voyageurs groſſiers, ignorants, ſujets à tout confondre, & qui nous auroient donné de l'ancienne Rome une idée auſſi bizarre, auſſi injuſte, ſi nous avions le malheur de ne la connoître que par eux. La placer parmi les cauſes originelles de l'eſclavage, croire qu'elle a pu multiplier ſur la terre le nombre de ces malheureux deſtinés à ramper toute leur vie dans la plus terrible humiliation, & à ne conſerver même la figure humaine, que parce que leurs maîtres ne peuvent pas la leur ôter, c'eſt adopter une erreur que la réflexion détruit, & que la philoſophie devroit proſcrire.

Enfin il y a des pays chauds où l'on

ne travaille que par force, & où les maîtres ne domptent que par de mauvais traitements la pareſſe qui ſe refuſe à la fatigue, je le veux. Qu'en réſulte-t-il ? Que ces maîtres ont pu devenir durs en voyant la molleſſe de leurs eſclaves, mais non pas que ce ſoit cette molleſſe qui ait engendré la ſervitude. Un laboureur pique impitoyablement un bœuf trop lent qui paroît inſenſible à la voix : mais ce n'eſt pas à cauſe de ſa lenteur qu'il l'attelle à la charrue. Si les chevaux par leur nature étoient incapables de ſe former aux évolutions du manége, on n'auroit jamais ſongé à les dreſſer. Ce n'eſt que, parce qu'on en a trouvé de traitables, qu'on a entrepris de réduire ceux même qui ne l'étoient pas. Voilà ce qui a fait imaginer le fouet, l'éperon, le caveſſon, &c. & tous les autres inſtruments qui, en aidant l'in-

duſtrie du maître , néceſſitent la docilité du diſciple.

Il en eſt de même des hommes. On
ne ſe feroit jamais aviſé de tirer parti
de leur travail , ſi l'on n'avoit vu qu'ils
étoient en état de travailler. C'eſt
après avoir eu lieu de ſe louer d'une
ſoupleſſe laborieuſe qu'on s'eſt irrité
contre une fainéantiſe opiniâtre. Ce
n'eſt point des hommes libres qu'on
a appéſanti le joug , comme ce ne
ſont pas les taureaux ſauvages qu'on
menace de l'aiguillon. Les uns & les
autres ont bien perdu de leur ſierté
quand on ſe prépare à la punir, & l'on
ne ſongeroit pas à aggraver leur eſclavage , s'ils n'étoient déjà bien décidément eſclaves.

Aucune des raiſons que préſente
l'Eſprit des Loix ſur cet article n'eſt
donc ni générale , ni ſuffiſante ; il nous
fait tout au plus ſoupçonner comment
a pu ſe fortifier chez quelques nations

l'apparence ou l'abus de la fervitude : mais il ne nous éclaire point fur ce qui l'a fait naître. Il nous découvre deux ou trois branches de cet arbre terrible dont l'ombrage a dans tous les temps couvert le monde d'un pôle à l'autre : mais il s'en faut bien qu'il nous en montre la tige.

La feule vérité qui fe trouve dans ces deux chapitres eft triviale & connue. *Comme les hommes naiffent tous égaux, l'efclavage*, dit M. de Montefquieu, *eft contre la nature*. Eh qui en doute ? Sans difficulté il eft contre la nature : mais eft-ce donc l'efclavage feul qui a cette propriété ? Tout ce qui nous entoure n'eft-il pas dans le même cas ? La richeffe, l'indigence, les loix, les fufils, les maifons, les fouliers, tout cela n'eft-il pas contre la nature ? Tout cela en eft-il moins néceffaire ? Tout cela n'entret-il pas indifpenfablement dans la conftitution de la société , ou dans les befoins de ceux qui la compofent ?

Les hommes naiffent tous égaux , fans contredit. Mais leur affociation fubfifteroit - elle avec cette égalité ? N'eft - il pas de fon effence de la détruire ? Et le premier pas vers fon anéantiffement n'en a - t - il point été la confommation ?

Il en eft de ces deux façons d'être comme de celle de la chenille & du papillon , qui ne peuvent exifter enfemble dans le même fujet : l'infecte brillant ne développe fes aîles , que quand le ver informe eft évanoui. Il en eft de même, à l'éclat près, de l'indépendance originelle , & des inftitutions fociales. Les unes fuccédent à l'autre , & fe conftruifent de fes débris. L'efclavage eft la véritable cryfalide d'où fort cet établiffement plus fingulier que profitable , plus nuifible qu'avantageux , qui , d'une multitude d'hommes raſſemblés , fait une eſpece de corps organiſé, où les uns repréſentent les membres qui travaillent ſans ceſſe , & les antres la tête qui jouit paiſiblement du fruit de leurs travaux.

Il ne s'agit donc pas d'examiner ſi l'eſclavage eſt contre la nature en elle-même , mais s'il eſt contre la nature de la ſociété : or, c'eſt ce que je ne crois pas que perſonne oſe ſoutenir , puiſqu'il eſt ſi facile de ſe convaincre qu'il en eſt inſéparable.

CHAPITRE III.

De la véritable origine de l'esclavage, &
des causes qui l'ont ensuite multiplié.

LA société & la servitude sont créés ensemble. L'esclavage est de la même date que la réunion des hommes. Aucune confédération solide n'auroit eu lieu sans lui. Il est aussi impossible d'établir entr'eux une alliance durable, si l'on n'a des serfs prêts à travailler pour autrui, qu'il l'est de former sans chevaux un corps de cavalerie. Il faut à une société quelconque des animaux robustes, dociles & infatigables, qui en portent tout le poids ; & c'est cette fonction que l'esclavage impose aux malheureux qu'il flétrit.

Je crois à la vérité que, dans le commencement, il confiftoit uniquement dans la culture de la terre, & dans la nourriture des troupeaux : on n'exigeoit point d'autre fervice des infortunés qu'on y foumettoit. Bien loin que leur maître leur fournît des aliments, c'étoit d'eux qu'il en attendoit : mais enfin leur tâche étoit remplie quand ils avoient fatisfait à ce point effentiel. Ces maîtres n'étoient encore ni vains, ni délicats, ni corrompus par le fafte. Ils ne fe piquoient point de remplir leurs maifons d'une foule de domeftiques oififs. Ils les laiffoient volontiers difperfés dans les plaines qu'ils fertilifoient. Pourvu que leurs terres fuffent bien tenues, & leurs troupeaux bien foignés, ils confentoient fans peine qu'on négligeât leurs perfonnes.

L'état des efclaves alors n'étoit pas fi dur qu'on pourroit l'imaginer. Pour rappeler près de foi ces ferfs épars dans la campagne, pour transformer ces agriculteurs laborieux en valets efféminés, pour engager le maître à occuper autour de lui feul plus de mains que n'en demandoient fes champs, & faire des inftruments de la fertilité ceux du luxe, il ne falloit qu'un peu plus de civilifation, qui ne dût pas tarder.

Ses progrès multiplierent les occafions où les efclaves pouvoient être utiles. La certitude de la fubfiftance amena pour ceux qui en jouiffoient la recherche dans les plaifirs, & le goût d'une vie plus molle ; l'oifiveté s'étoit bornée jufques là à s'épargner des fatigues : elle fongea à fe procurer des douceurs. On s'apperçut qu'il y avoit mille chofes qu'il étoit dur de faire foi-même, & qu'il feroit agréable de faire faire par d'autres. On fe mit pour des fuperfluités dans la dépendance d'un fecours étranger qu'on n'avoit défiré d'abord que pour des néceffités.

D'ailleurs l'ennui & le défœuvrement aiguillonnoient les efprits. Les ames fouffroient du repos des corps. Pour fe difpenfer de retourner à des occupations utiles & pénibles, on s'en faifoit de frivoles, ou de pernicieufes, qui donnoient moins de plaifirs à leurs inventeurs, qu'elles ne devoient caufer de maux à leurs defcendants. On imaginoit les arts, les fciences, & tous ces aliments de l'oifiveté qui ont favorifé le développement de la raifon, & la corruption des cœurs. L'habitude de les préparer augmentoit l'averfion pour toute autre efpece de foins. Il fallut donc créer dans l'intérieur des maifons mille emplois, tous relatifs au bien être du chef, tous deftinés à entretenir la tranquillité voluptueufe qui devenoit fon fouverain bien.

Il en étoit au point de dédaigner l'ufage de fes membres. Il avoit, pour ainfi dire, befoin de s'attacher des bras & des jambes artificiels. Pour qu'il fût obéi, fans obftacle & fans délai par ces organes étrangers, il falloit accumuler autour de lui des efpeces d'automates qu'il pût animer d'un coup d'œil, & qui reçuffent la vie d'un même efprit, afin que leurs mouvements fuffent mieux concertés. Un miniftere qui demandoit de pareilles qualités, ne pouvoit convenir qu'à des efclaves : c'eft ce qui fit fonger à en augmenter le nombre.

Le premier, le plus naturel, & le plus doux de tous les moyens qu'on prit pour y réuffir, fut de fixer les enfants à l'état de leurs peres. Ce fut de flétrir la poftérité dont on avoit dégradé l'auteur. Ce fut de prononcer contre les rejetons le même arrêt qui avoit condamné la fouche, & de décider que quiconque naîtroit d'un homme privé de fa liberté, feroit efclave comme lui. Enfuite vint la guerre, & puis les dettes occafionnées par l'indigence, autres fources abondantes qui aiderent à la propagation de la fervitude, & à la faveur defquelles ce fléau devint le plus répandu, comme le moins effrayant de tous ceux qui accablent l'humanité.

CHAPITRE IV.

De l'esclavage qui provient de la naissance. S'il est vrai qu'il soit injuste en lui-même.

BEAUCOUP d'écrivains respectables se sont récriés contre cette espece d'esclavage. Ils ont trouvé dur qu'une famille fut frappée dans son chef, & que la perte d'un seul homme entraînât celle de plusieurs générations. Ils se sont élevés contre l'axiome du droit civil qui consacre ce principe.

M. de Montesquieu dit que les raisons de ceux qui l'approuvent *ne sont pas sensées* (a). Un autre auteur un peu plus moderne, & non moins célébre le proscrit avec encore plus de

____

[a] Esprit des Loix, liv. 15, chap. 2.

force : il prétend que les jurifconfultes qui l'ont appuyé, *ont décidé en
d'autres termes qu'un homme ne naîtroit
pas homme ;* trouvant un contrafte
étrange entre la gravité de leur état,
& la cruauté de leurs maximes, il s'eft
plaint fans ménagement de la complaifance inique avec laquelle ils cor-
duifoient au berceau d'un enfant le
monftre qui le cherchoit pour le dévorer. Il s'eft efforcé de prouver que
c'étoit un attentat contre les droits du
genre humain, & qu'il n'avoit jamais
pu être toléré que par la plus affreufe
de toutes les tyrannies.

En vérité je ne fais pourquoi ces
grands hommes ont jeté tant de cris
fur cet article des inftitutions fonda-
mentales de la fociété. Il eft dur fans
contredit : il répugne à des cœurs com-
patiffants. Mais où en ferions-nous, fi
l'on vouloit dans l'état civil réclamer
contre tous les établiffements qui ré-

voltent la nature, & regarder comme une juſtice le ſentiment de commiſé-ration qu'ils excitent ?

Ce ſentiment eſt avec raiſon bien peu de choſe aux yeux de la politique. Il eſt très-bon qu'il dirige les actions des particuliers ; mais il faut l'écarter quand on ſe livre aux vues générales : les légiſlateurs, ou ceux qui écrivent ſur la légiſlation doivent être ſans pitié, comme ceux qui y ont donné lieu. Elle eſt fondée toute entiere ſur l'anéantiſſement des droits de la nature : ce ne ſont donc pas eux qu'il faut rappeler, quand on parle des moyens de la maintenir.

Cela poſé il me paroît bien évident que le droit exercé ſur les enfants d'un pere eſclave n'eſt pas plus injuſte que celui que l'on a uſurpé ſur le pere lui-même. L'un dérive de l'autre : le ſe-cond ſuit du premier. Quiconque a pu aſſervir les parents, a pu traiter leur race comme eux. Le principe qui n'a pas eu le pouvoir de défendre les priviléges de ceux-là, doit être également impuiſſant à l'égard de celui-ci.

Ou il n'y aura jamais eu d'eſclavage juſte ; ou le conſentement unanime de tous les peuples n'aura pas ſuffi pour légitimer une loi rigoureuſe, il eſt vrai, mais qu'ils ont tous adoptée, & en vertu de laquelle ils forment des corps ſolides ; ou enfin la propriété eſt ᵤₙ crime, & le droit de la tranſmetᵤᵣ une prolongation d'iniquité ; ou bien l'eſclavage héréditaire eſt équitable, & il n'y a pas plus lieu de plaindre ceux qui y ſont ſoumis, que les travailleurs que le canon renverſe dans la tranchée. Il faut des pionniers partout : malheur à ceux qui étant nés payſans, ſont deſtinés par cela même à périr ſans gloire, en remuant la terre ſous le feu d'une batterie, tandis qu'un gentilhomme, même en courant moins de risque, acquiert une toute autre considération.

Il faut des rangs, des distinctions dans le monde. On a établi que ces rangs une fois fixés subsisteroient dans les familles. On a fait consister la justice à assurer au fils la jouissance des biens de son pere. On a voulu qu'il le remplaçât dans son état, & qu'il succédât à ses biens.

tié Voilà pourquoi l'homme riche, l'homme libre peut perpétuer parmi ses descendants ses richesses & sa liberté. Les loix l'autorisent à transmettre à sa postérité ses trésors & son indépendance. A moins que quelque cause étrangere ne vienne interrompre cette heureuse succession, elle s'éternise de génération en génération, & la derniere recueille sans difficulté le domaine attribué originairement à la premiere.

Par la même raison le sort de l'esclave doit paſſer à ſes héritiers. Mais que peut-il leur laiſſer à ſa mort, ſinon la chaîne ſous laquelle il a langui pendant ſa vie? Il leur transfere ſon humiliation, comme il leur auroit transféré ſon opulence.

Cet héritage eſt triſte ſans doute. Ils y renonceroient ſans peine : mais de même que la ſociété leur auroit tendu la main pour les élever à des places brillantes, ſi leurs auteurs en avoient joui : de même elle peut les repouſſer ſans ſcrupule, dans la baſſeſſe où leur mauvaiſe deſtinée a placé ceux dont ils tiennent le jour. Leur naiſſance auroit fait un titre en leur faveur : elle en devient un contre eux. On peut les forcer à le reſpecter, lors même qu'il les livre à l'oppreſſion, comme ils auroient pu exiger qu'on les reſpectât s'il les avoit conduits à la fortune. Enfin la ſucceſſion du maître & celle du ſerf doivent également tomber à des succeſſeurs, & s'il ſe trouve quelque différence dans les effets qu'elles produiſent, il n'en exiſte aucune dans le droit qui les applique.

Ce droit c'eſt la Providence qui en diſpoſe. Il n'y a, dit le peuple, *qu'heur & malheur* dans ce monde. Ce proverbe vulgaire eſt plus lumineux, relativement au ſujet qui nous occupe, que toutes les déclamations de la philoſophie. Si j'avois reçu la vie d'un maréchal de France, j'aurois été un grand ſeigneur ; ſi j'étois né d'un captif d'Alger, je n'aurois été qu'un miſérable forçat : c'eſt du haſard qu'il a dépendu de me mettre dans l'un ou dans l'autre de ces deux cas : mais ma grandeur ou mon infortune auroit eu le même principe. Dans le ſecond de ces deux états je n'aurois pas eu à me plaindre de l'abus de ma naiſſance fait pour m'y arrêter, puiſque ce même abus m'auroit également fixé dans le

premier , fi j'avois eu le bonheur d'y
être placé.

De quelque maniere qu'on envifage
cette queftion , on verra toujours que
l'hérédité des propriétés étant une fois
convenue , celle des privations doit
l'être auffi. Ce n'eft pas la loi qui confacre cette conféquence qu'il faut trouver inhumaine : c'eft celle qui y donne
lieu : c'eft la fociété elle-même qui eft
fondée fur cette étrange dégradation
des principes naturels , & qui feroit
diffoute fans reffource , fi le fang d'un
fils n'étoit pas flétri par la honte de
fon pere , comme il peut être illuftré
par fa gloire.

CHAPITRE V.

Que la servitude héréditaire est utile aux enfants même, & suit d'ailleurs du pouvoir paternel.

JE vais plus loin. Supposons que l'esclavage du pere n'ait point cet effet funeste, supposons qu'un serf puisse communiquer à sa postérité des privileges qu'il a perdus, & que la nature outragée en sa personne soit respectée dans celle de ses enfants ; que deviendront-ils ? De quoi viront-ils ? De qui tiendront-ils des aliments ? De qui recevront-ils des ordres ? Ils seront les plus libres, mais les plus malheureux de tous les êtres ; & ce prétendu bienfait sera pour eux, comme pour le reste de la société, la source des plus affreuses infortunes.

Premierement,

Premierement, les déclarer libres à leur naiſſance, c'eſt les condamner à mourir de faim. Ce ſeroit au pere à les préſerver de ce danger; mais il ne s'en garantit lui-même que par une libéralité étrangere. Il n'a rien. Que leur donneroit-il ? Il reçoit d'ailleurs ſa ſubſiſtance, & l'économie qui préſide à la diſtribution ne permet pas que ſa portion ſoit ſuſceptible de partage. Comment leur conſervera-t-il la vie qu'il leur a donnée ? Le maître qui le ſoigne, qui le panſe, qui l'abreuve, qui le nourrit, ne lui adminiſtre des ſecours que pour ſa propre utilité. Ce n'eſt point l'homme qu'il aſſiſte dans ſon eſclave, c'eſt l'animal laborieux qu'il entretient.

Mais ſi la loi vient lui enlever les poulains qu'il aura tirés de cet étalon docile, ſe croira-t-il obligé de leur prodiguer, comme à lui, le foin de ſes prairies ? Ne ſe hâtera-t-il pas de les chaſſer de ſon domaine , avant qu'ils puiſſent lui cauſer de la dépenſe? L'impoſſibilité de ſe les approprier les fera également bannir des autres champs dont les poſſeſſeurs réſervent les fruits pour les beſtiaux qui leur appartiennent. Après bien des courſes infructueuſes ils expireront en grattant du pied ſans ſuccès , à la porte des clos qui ne s'ouvriront point , & en maudiſſant cette cruelle indépendance qui n'aura ſervi qu'à les conduire à la mort.

Secondement, je ſuppoſe encore que l'amour de l'humanité, ou la tendreſſe paternelle faſſent des prodiges en leur faveur ; que le maître leur accorde des ſecours gratuits , ou que le pere, imitant le pélican , les nourriſſe de ſon propre ſang , que feront-ils dans le monde? Quel rang occuperont-ils dans la ſociété ? Quel y ſera leur état s'ils ſortent de celui de leur pere ?

Ils ne peuvent pas être libres. A quel titre le seroient-ils ? La liberté & l'esclavage sont également des fruits de la loi. Cette loi a décidé d'un côté qu'un esclave appartiendroit à son maître, avec tous ses droits sans exception, & de l'autre qu'un fils seroit dans la dépendance du pere, qu'il en recevroit les ordres, après en avoir reçu la naissance. Ces deux loix seroient éludées ou plutôt détruites par la liberté du fils de l'esclave.

Il ne sauroit appartenir à son pere, sans appartenir au maître de son pere : la législation qui le soustrairoit au joug de l'un pour obéir au droit naturel, violeroit sensiblement le droit civil qui le soumet à celui de l'autre. Ou le pere n'aura aucun pouvoir sur ses enfants, ce qui emporteroit la destruction de la société ; ou bien ce pouvoir, s'il le conserve, sera subordonné à celui qui le gouverne lui-même, & l'autorité

paternelle fera l'origine jufte , inattaquable de la fervitude héréditaire.

Les loix Romaines avoient décidé
que l'efclavage d'un citoyen pris à la
guerre feroit l'anéantiffement de fa
puiffance domeftique. Rien n'étoit plus
fage & plus conféquent. Sans cela la
perte d'un homme auroit entraîné pour
l'état celle de plufieurs autres. Le
vainqueur auroit eu droit non-feule-
ment fur la perfonne du prifonnier,
mais fur toute fa famille. Que falloit-
il faire pour prévenir ce danger ? Couper le lien qui affujettiffoit les enfants ;
interrompre la correfpondance qui les
uniffoit au malheureux captif, pour
les mettre à couvert de l'influence
qu'auroit eue fon malheur fur eux ; les
féparer à jamais de lui , pour les fouftraire aux fuites de fon infortune,
comme on arrête les progrès d'un in-
cendie , en abattant les maifons qui
auroient pu lui fervir de canal pour fe
communiquer plus au loin.

Il faut obferver qu'alors la loi ne faifoit éprouver aux enfants aucun changement réel. Elle ne leur donnoit point un autre état. Elle accéléroit feulement pour eux la jouiffance de celui qui devoit leur revenir tôt ou tard. Elle donnoit à la mort civile du pere, les mêmes effets qu'auroit eus fa mort naturelle. Il n'en réfultoit pour fes defcendants qu'une poffeffion plus prompte des privileges attachés à leur naiffance. Ils étoient toujours ce qu'ils devoient étre, puifqu'ils étoient nés d'un homme libre, & qu'ils avoient droit après lui à toutes fes préroga-tives.

Mais le fils d'un efcl aveque fera-t-il, s'il n'eft pas efclave comme fon pere ? L'état dans lequel il naît, eft celui dans lequel il doit vivre. S'il s'en échappe que trouvera-t-il au-delà ? Ce ne fera pas la liberté : il faudroit pour cela que la loi l'eût affranchi : &,

comme je viens de le prouver, c'eſt ce qu'elle ne ſauroit faire ſans ſe mettre en contradiction avec elle-même, ſans renverſer un des principes fondamentaux de la ſociété, le pouvoir paternel. Cependant il n'y a pas de milieu entre la liberté & l'eſclavage. Quiconque n'a pas droit à l'une eſt dévoué à l'autre, comme dans un régiment tout ce qui n'eſt pas officier eſt ſoldat, tout ce qui ne commande pas n'a d'autre partage que l'obéiſſance.

CHAPITRE VI.

Que la servitude héréditaire est avantageuse même à la société, en la garantissant des dangers qu'elle auroit à craindre, de la part des enfants des esclaves, s'ils étoient libres.

TROISIEMEMENT en faisant une derniere supposition, en admettant que ces droits incompatibles puissent s'allier ensemble, & que d'une source bourbeuse il puisse découler des ruisseaux d'une eau limpide, quel effet produiront dans leur cours ces ruisseaux indépendants que personne ne pourra ni captiver, ni détourner ? C'est en respectant le chef d'une famille, que ses membres apprennent à en respecter les loix ; mais il n'y aura ici ni chef ni famille.

Le fils du serf, étant libre, sera

dispensé de reconnoître son pere. Il le méprisera même avec raison. Il aura sur lui la supériorité que donne la liberté sur la servitude. Il sera homme, & l'homme est-il fait pour obéir au mulet qui tremble sous la verge de son conducteur ? Qu'on y prenne garde, cette seule considération suffiroit pour légitimer l'esclavage héréditaire aux yeux des législateurs.

Mais de plus ce mulet que les restaurateurs de l'humanité voudroient rendre propre à engendrer des hommes, gagne au moins sa paille & son orge par sa docilité, & par le sacrifice qu'il fait de sa force. En rentrant le soir dans son étable, il a mérité par les travaux de sa journée la nourriture qu'il y trouve : mais cet être régénéré qui méconnoîtra son origine, cet homme d'une espece nouvelle qui insultera aux plumets & aux sonnettes du sommier qui l'aura produit, d'où tirera-t-il ſa ſubſiſtance ? Comment parviendra-t-il à y pourvoir ?

J'ai ſuppoſé ci-deſſus qu'un excès de généroſité ou d'affection pourroit ſubvenir à la foibleſſe de ſon enfance; mais la généroſité & l'affection s'épuiſent, ſi elles ne ſont nourries elles-mêmes par l'eſpoir de quelque récompenſe. Elles ont beſoin pour ſe ſoutenir d'enviſager une indemnité en nature, ou en ſentiments. L'aigle ne veut retirer des peines qu'il prend pour l'éducation de ſes enfants, que le plaiſir de les voir voler auſſi haut que lui. Cependant il les abandonne enfin, s'il les trouve trop lents à ſeconder ſes efforts : ſa patience ne tient point contre la prolongation exceſſive de leur foibleſſe, & de leurs beſoins.

De même les ſecours que la compaſſion aura fait avancer au fils de l'eſclave dans l'âge de l'impuiſſance,

lui feront refufés dans celui de la force. On aura droit même d'en pourfuivre le recouvrement. Ce fera à lui
à dédommager fes protecteurs. Comment s'y prendra - t - il pour fatisfaire
des créanciers armés d'un droit aufli
facré ?

Il travaillera , dira-t-on : fes mains
endurcies paieront l'intérêt des deniers remis entre fes mains encore
tendres. Mais d'abord jufqu'à ce que
le fruit de fon travail foit équivalent
à fes befoins , il recevra plus qu'il ne
pourra rendre. Il contractera des dettes , & pour leur fureté quelle autre
caution pourra-t-il donner que fa perfonne ? Le voilà donc retombé par
l'indigence dans l'efclavage qu'on aura
voulu lui épargner par pitié.

Enfuite trouvera-t il toujours à travailler ? On eft peu curieux des manouvriers libres , on s'en paffe même
dans les lieux où l'on a des efclaves.

On ne fait point faire à prix d'argent par des journaliers ce que l'on peut exiger d'un ſerf que l'on a acheté. Pour pouvoir vivre il ſera donc obligé de ravir par la force la proie qu'aucune autre voie ne lui procureroit. Une liberté onéreuſe le conduira au brigandage.

Il ne répondra à la cruelle humanité qui aura fait briſer ſes chaînes par l'infraction d'une des premieres loix ſociales, qu'en violant toutes les autres. Il deviendra méchant, parce qu'on ſe fera piqué à ſon égard d'une bonté plus funeſte que n'auroit pu l'être une rigueur impitoyable : cette indulgence mal entendue le précipitera dans le crime, & comme il trouvera dans ſa ſituation de quoi juſtifier ſon déſeſpoir bien plus que ſa reconnoiſſance, il aimera mieux égorger ſes bienfaiteurs, en bravant un ſupplice infame, que d'attendre patiemment

D vj

une mort plus lente, mais non moins infaillible.

Voilà pourtant quelles font les conféquences de ce fyftême féduifant, qui couvre une véritable inhumanité, fous une apparence de douceur. Je l'ai traité à fond pour fermer la bouche aux critiques. Je ne crains pas d'accumuler les preuves, afin de prévenir les objections. Quoi qu'on en dife, le fardeau qu'a porté le pere doit tomber fur le fils. Tout eft à craindre de ce dernier, fi l'on ne fe hâte de le renfermer dans la même prifon où gémit l'auteur de fes jours.

C'eft une vérité trifte que celle là : mais la pratique en eft encore plus néceflaire que cruelle. Ou il faut abolir l'efclavage & fes équivalents en tout fens, ou il faut que le fils de l'efclave ferve celui du maître. Ou il faut rouvrir au genre humain les forêts dont la propriété l'a chaflé,

& le lâcher dans ces bois immenses où il n'aura d'autres loix que sa raison & d'autre maître que la nature, ou bien la génération, destinée à dominer, doit succéder à l'infini à tous les droits de celle qui la précede, de même que la génération qui obéit, doit transmettre sans fin à celle qui la remplace son frein & ses harnois. Enfin ou le pere a droit de se révolter contre ce frein & d'écarter par des morsures la main qui le lui présente, sans qu'on puisse légitimement le punir; ou le fils peut être comme lui forcé de le recevoir; & sa seule ressource est de le couvrir d'écume en obéissant aux mouvements qu'il lui indique.

CHAPITRE VII.

Du droit d'esclavage occasionné par la guerre. D'après quels principes il faut l'aprécier.

IL peut donc y avoir des hommes qui naissent pour la servitude & à qui on ne fait aucune injustice en les investissant dès le berceau de ce terrible appanage ; la nature dans sa pureté, la nature abandonnée à elle - même ne fait que des êtres libres ; mais la nature, subordonnée à nos institutions, altérée, corrompue par elles n'engendre presque plus que des êtres dépendants. Ce n'est que par une douleur muette & des soupirs inutiles qu'elle peut répondre aux cris que jettent ses enfants, quand on les marque à la cuisse dans les vastes haras où ils sont nés.

Mais ceux mêmes dont l'extraction n'a pas détruit la liberté, font-ils certains de la conferver toujours ? N'y a-t-il point d'accidents qui puiffent la leur faire perdre ? N'ont - ils point à redouter de malheurs capables de la leur enlever ? Sans doute il en eft plus d'un qui peut avoir pour eux ces fuites funeftes. Celui dont nous nous occupons ici eft d'être pris à la guerre.

Il ne fait, il eft vrai, parmi nous que des captifs d'un moment. Mais il avoit chez les anciens & il a encore dans les trois quarts de la terre des effets plus durables. Il les féparoit à jamais de leur patrie. Il ôtoit à un foldat toutes les prérogatives attachées au nom de citoyen, en même temps qu'il l'obligeoit à fe dépouiller de fes armes. Il autorifoit l'ennemi à le garroter d'une corde, au-lieu de le percer d'une épée, & à le vendre dans un marché public, après l'avoir épargné fur le champ de bataille. Sa valeur qui n'auroit pu le fouftraire à la mort, ne le garantiffoit pas de la fervitude, & ces héros qui faifoient tout trembler au commencement du combat, n'étoient plus à la fin qu'une partie du bagage de leurs vainqueurs.

Des motifs fort étrangers à l'humanité, ou aux égards que mérite la bravoure ont anéanti ce droit, ou fi l'on veut cet ufage, parmi les Chrétiens d'Europe ; mais il fubfifte toujours dans la plus grande partie du monde. Il fait encore le droit commun de l'Afie & de l'Afrique. Il nous dirige même dans nos guerres avec les Mahométans.

Il confacre ainfi d'un côté ce que l'on détefte hautement de l'autre. Il juftifie en apparence la fupériorité que s'attribuent ceux qui le réprouvent, fur ceux qui l'adoptent, quoique dans le fonds toute la différence entre eux

confifte en ce que les uns tuent précifément pour avoir le plaifir de tuer,
au-lieu que les autres confentent à recevoir un dédommagement pour le
fang qu'ils ne verfent pas , & balan-
cent la cruauté par l'avarice.

D'où eft venue cette étrange efpece de droit ? Peut - on dire qu'elle
foit jufte ? Eft - il permis fans rougir
de s'en déclarer le défenfeur ? Cette
horrible maniere de punir un foldat
des efforts qu'il a faits pour fon parti , n'a gueres encore trouvé que des
critiques parmi les écrivains qui fe
font piqués d'humanité. Peut - elle
avoir pour apologifte un homme qui
n'a point le cœur tyrannique , & qui
chérit fes pareils ? C'eft ce qu'il faut
voir.

Cet efclavage eft une fuite du droit
de la guerre. Il femble qu'il faudroit
approfondir la nature de celle - ci ,
pour pouvoir raifonner fur fes effets.

Mais ce feroit le moyen de ne rien éclaircir. La nature de la guerre n'a pas plus de rapports aux effets qu'elle néceffite, que l'origine de la fociété n'en a aux obligations qu'elle impofe. Il faut examiner ce qui en réfulte néceffairement quand on la fait, & non pas fi les principes de l'équité rationnelle permettent de la faire. Que gagneroit-on à ce dernier examen, fi ce n'eft d'apprendre à haïr l'humanité, & de rendre odieufe aux hommes une vie qu'ils ont eux-mêmes rendue fujette à tant de maux ?

Sans doute l'équité en elle-même n'a rien à démêler avec les bombes. Sans doute la guerre eft une injuftice. Je commence par déclarer que je la regarde comme une des plus abominables folies qui aient féduit l'efprit humain depuis l'érection de la fociété. C'eft une folie, en ce que l'agreffeur s'expofe à perdre plus qu'il ne peut gagner. Le fuccès eft toujours incertain, quelque avantage qu'il ait fu fe donner. La fortune ne fert pas toujours la politique ; en voulant envahir, il court rifque d'être dépouillé. En dreffant des embûches à la liberté des autres, il peut tomber dans le piege qu'il a placé lui-même.

C'eft une folie abominable en ce qu'elle entraîne des calamités néceffaires, & des ravages affreux ; en ce que les plus grandes infortunes qu'elle caufe tombent fur des innocents, qui n'auront aucune part aux avantages qu'elle procure, & qui n'en ont pas eu aux délits qu'elle punit : en ce que, pour faciliter les moyens de la foutenir, on a été obligé de légitimer ce qu'il y a de plus horrible, & que, quand la voix effrayante de ce monftre ébranle le monde, la propriété elle-même, ce principe facré de tous les droits, eft réduite au filence.

Les loix dorment, a dit quelqu'un, tant que la guerre dure : je le crois bien : c'est-à-dire, qu'elles perdent leurs forces. Mais ce n'est pas un sommeil que leur cauſe le bruit du tambour : c'est un évanouiſſement mortel, & l'air languiſſant avec lequel elles ſe relevent, quand la criſe eſt paſſée, prouve ſuffiſamment combien elles en ont ſouffert.

Cette folie n'eſt pas moins injuſte qu'abominable. Elle naît de part & d'autre, ou de l'ambition qui veut tout ravir, ou de l'orgueil qui ne veut rien céder. Si l'on écoutoit la juſtice, avant que de lever des régiments, les querelles s'appaiſeroient par des moyens paiſibles, & les fuſils ne ſeroient funeſtes qu'aux ſangliers qui viendroient ravager nos moiſſons.

On ne ſe bat que parce que l'on s'obſtine des deux côtés ; & comme l'équité n'entre pour rien dans le ſuccès, à moins que Dieu lui-même n'y intervienne par un miracle, ce qui eft rare ; comme l'agreffeur injufte, quand il remporte la victoire, n'en acquiert pas moins fur la chofe conteftée un droit refpectable ; comme les vaincus deviennent bien réellement fes fujets, par cela feul qu'ils ont été les plus foibles, comme on dit qu'ils fe révoltent ; s'ils reprennent les armes, & qu'on les pend fans difficulté, fi la fortune les trahit, ce qui arrive fouvent ; il s'enfuit que vouloir rappeler l'idée de la juftice, en préfentant celle de la guerre, c'eft réunir deux chofes très-différentes, & même très-incompatibles.

L'une auroit-elle lieu, fi c'étoit l'autre qui dirigeât les démarches des princes ? Se battroit-on jamais, fi une partie des combattants n'avoit tort ? Et la bonté de la caufe de ceux qui fe défendent, n'eft-elle pas la condamnation de l'iniquité des affaillants? Il n'y a point à cet égard d'équilibre, ni de compenfation. On ne fauroit avoir raifon dans les deux camps à la fois. De deux armées prêtes à fe choquer, fi l'une eft compofée de citoyens réfolus à mourir pour leur patrie, l'autre eft une troupe de fcélérats qui méritent la roue : il n'y a pas de milieu.

Ce n'eft pourtant qu'après la victoire que l'on fait à qui appartiennent les noms odieux, ou les qualifications honorables : c'eft la fortune qui diftribue la gloire ou la honte. Comment peut-on fe méprendre entre elle & la juftice ? Comment peut-on donner le nom de celle - ci à une courtifane infame qui fe proftitue à des brigands, & qui couronne le crime fans fcrupule, comme elle détrône la vertu fans remords ?

Cependant quelques auteurs ont

suppofé que la guerre pouvoit de fa nature s'allier avec l'équité. Parce qu'on repréfente la juftice armée d'un glaive, ils ont cru qu'elle étoit propre à marcher à la fuite des conquérants : parce qu'on lui donne ordinairement des balances, ils fe font perfuadé qu'elle pouvoit entrer pour quelque chofe dans des querelles qui s'élevent communément à l'occafion des partages.

Grotius entr'autres a fait un grand ouvrage d'après ces idées. Mais il y a bien peu de chofes à apprendre dans le grand ouvrage de Grotius. Il y donne des préceptes, à la vérité, pour affaffiner, pour piller, pour brûler, pour violer loyalement, & avec le moins de défordre qu'il eft poffible. Il accumule les exemples les plus odieux de ces barbaries, & c'eft au milieu de ces fpectres fanglants qu'il place froidement le fimulacre de la juſtice , non pas pour les effrayer ; mais pour les enhardir.

Quel bizarre aſſemblage qu'a la juſtice à démêler avec l'art militaire encore une fois ! Son glaive ſe briſe ſur celui de l'ambition. Ses balances chancellent par la commotion qu'excite dans l'air le fracas du canon. Cette vierge ſacrée s'envole au premier roulement de cet épouvantable tonnerre. Elle contemple de loin avec des yeux baignés de larmes ce malheureux globe que la diſcorde & l'avarice couvrent de feux & de fumée. Quand elle y redeſcend à la priere de la paix , c'eſt en ſe couvrant le viſage de ſon voile , de peur d'appercevoir les traces de la fureur qui l'a ſi long-temps enſanglanté.

Voilà ſans doute pourquoi nous la découvrons ſi imparfaitement ici-bas. Voilà pourquoi nous pouvons à peine diſtinguer ſes traits. L'idée que nous

nous

nous en formons n'eſt que celle d'un fantôme qui a ſa marche & ſa taille. Mais cette beauté ineffable qui fait que ſa jouiſſance eſt le plus grand bonheur de la divinité, nous eſt toujours cachée. Nos foibles yeux ne pourroient ſupporter tant d'éclat.

Et que deviendrions-nous, malheureux que nous ſommes, ſi elle ſe montroit au milieu de nous, avec toute ſa gloire? Nous péririons de honte & de confuſion, au ſouvenir des outrages que nous avons oſé lui faire. Tous nos frêles établiſſements diſparoîtroient à l'approche de la lumiere, comme on voit dans l'automne ſe diſſoudre au lever du ſoleil les vapeurs condenſées, dont le froid de la nuit a blanchi le ſommet des arbres.

Laiſſons-la donc de côté, quand nous traiterons de ces affreux débats. Ne parlons pas plus d'elle en diſcutant les effets de la guerre, qu'en ſoudant les fondements de la société. C'eſt de la néceſſité qu'ils dérivent tous, & non de la juſtice. Les uns & les autres, pour parler à la maniere des géométres, ſont des axiomes dont l'énoncé emporte la démonſtration. Ce n'eſt point leur vérité qu'il faut examiner pour s'inſtruire, ce ſont leurs conféquences. Il n'y a plus qu'à recueillir les corollaires qui en découlent néceſſairement.

Tirons les corollaires de cet étrange axiome qui poſe en principe que le meurtre eſt permis (*a*) quand il eſt fait en grande compagnie, & que la

____

(*a*) Voyez à ce ſujet dans le traité de *Jure belli ac pacis*, le livre 3 tout entier, mais ſur-tout le chapitre 4 : il s'y trouve un paragraphe curieux entr'autres, & que je ne puis m'empêcher de citer, pour faire voir la ſolidité des principes de Grotius, & le choix des exemples dont il les appuie. Il a appelé le droit de tout ſaccager, un droit de licence, & d'impunité. « Pour ſentir,

vie des hommes peut être facrifiée à
la confervation de leurs biens. Peut-
être ferons-nous autorifés à en induire
que leur liberté n'eft pas plus facrée,

» dit-il, jufqu'où il s'étend, on n'a qu'à
» fonger qu'il permet même d'égorger im-
» punément les femmes & les enfants, &
» que ces *fortes de meurtres font compris*
» *dans le droit de la guerre.*

» Je ne m'appuierai point ici fur ce que
» les Hébreux ont tué les femmes & les
» enfants des Hé bonites, ni fur ce que la
» même rigueur leur étoit commandée
» envers les Cananéens, & les alliés des
» Cananéens. *Tout cela étoit l'ouvrage de*
» *Dieu*, dont l'empire fur les hommes eft
» plus grand que celui des hommes fur les
» bêtes, comme je l'ai démontré ailleurs.

» Voici quelque chofe qui peut mieux
» fervir à attefter l'ufage général des nations:
» c'eft le paffage du pfeaume ou le prophête
» appelle heureux *celui qui écrafera fur la terre*
» *les enfants des Babyloniens.* Ce trait du pfal-
» mifte eft précifément la même chofe que
» celui d'Homere, quand il dit : *Dans une*
» *ville où Mars déploye fa fureur, on brife les*
» *petits enfants contre la terre.*

» Suivant Thucydide les Thraces, après
» avoir autrefois pris *Mical.ffo*, mirent en
» pieces les femmes & les enfants. Arrien

& que quiconque peut couper la gorge à ses ennemis pour son avantage,

---

„ raconte la même chose des Macédoniens,
„ quand ils se furent emparés de Thebes.
„ Les Romains devenus maîtres d'Ilurgis
„ ville d'Espagne, passerent au fil de l'épée
„ les femmes & les enfants, sans distinc-
„ tion : ce sont les propres termes d'Ap-
„ pien. Tacite rapporte que Germanicus
„ César ravagea par le fer & le feu, les
„ habitations des Marses, peuples de Ger-
„ manie : & il ajoute : il n'eût pitié ni du
„ sexe, ni de l'âge. Titus fit déchirer par
„ les bêtes dans des jeux publics les fem-
„ mes & les enfants des juifs : & cependant
„ Titus & Germanicus passent pour n'avoir
„ été rien moins que cruels : ce qui fait
„ voir que cette rigueur étoit tournée en
„ coutume, & ce qui doit faire paroître
„ moins étonnant que les vieillards tus-
„ sent aussi compris dans ces massacres,
„ comme on le voit dans Virgile lorsque
„ Priam périt sous les coups de Pyrrhus. „.
Quand on a vu ces éternelles & dégoû-
tantes citations de Grotius, ainsi que presque toutes celles qui composent son livre,
qu'en résulte-t-il aux yeux d'un lecteur sensé?
Que les hommes & sur-tout les conquérants, dans tous les temps ont été des foux
barbares ; mais non pas que les extrava-
gances inhumaines qu'ils ont faites dans les

peut auſſi leur lier les mains pour ſon profit.

---

accès de leur délire ; aient eu rien de juſte. C'eſt pourtant ce dernier point qu'a voulu prouver Grotius. Sans cela, pourquoi ramaſſer de ſang froid dans la même page tant d'atrocités.

puiſque je ſuis ſur ce ſujet, qu'il me ſoit permis de remarquer encore comment Grotius définit la guerre. liv. 1, chap. 1, §. 2. *C'eſt*, dit-il, *l'état de gens qui combatient par une force qui les rend tels : ita ut ſit bellum ſtatus per vim certantium, qua tales ſunt.* L'auteur critique d'une lettre à M. J. J. Rouſſeau, dit que cette définition eſt généralement reçue. En ce cas tout le monde a donc adopté ce que perſonne n'entend.

Si la définition que Grotius donne de la guerre eſt inintelligible ; en récompenſe celle de la paix dans ſon livre, eſt encore plus obſcure. *La paix*, dit-il, liv. 2, chap. 20, §. 32, *eſt un acte de la cité pour le tout & pour les parties ; eſt actus civitatis pro toto & pro partibus.* Voilà ce que l'ambaſſadeur de la reine Chriſtine donnoit pour des définitions. Il faut croire qu'il les trouvoit raiſonnables, puiſqu'il en étoit l'auteur : mais il faut avouer qu'il nous eſt bien permis, à nous qui n'y avons aucun intérêt de les trouver ridicules.

CHAPITRE VIII.

Que le droit de faire la guerre une fois admis, il y a une imprudence extrême aux vainqueurs, soit de relâcher, soit de garder leurs prisonniers.

JE ne cherche donc point si le droit de la guerre eſt un droit légitime : je dis que c'eſt un droit néceſſaire. Je ne demande pas ſi les aſſaſſinats changent de nom ſuivant la couleur de l'habit avec lequel on les commet : je le ſuppoſe, & il faut bien que cela ſoit, puiſque les meurtres qui ſont ſoigneuſement défendus à des particuliers vêtus de gris, ſont rigoureuſement ordonnés à ces mêmes particuliers dès qu'ils ſe chargent d'un juſte-au-corps bleu ou écarlate.

Il eſt clair que la guerre eſt très-

permife, puifqu'on la fait, & qu'on
ne punit point ceux qui la font : puifque ce qui eft brigandage dans un bois
devient héroïfme fur le champ de bataille : puifque le métier d'égorger les
gens qui eft une fcélérateffe affreufe,
quand on l'exerce tout feul, en ca-
chette, devient le comble de la mag-
nanimité, quand on s'y livre hautement au bruit des fifres & des trom-
pettes : puifqu'enfin le fang humain a,
comme l'huile dont on compofe le fa-
von, la propriété d'effacer les taches
qu'il a faites, & que pour fe nettoyer
les mains quand elles en font fouil-
lées, il fuffit de les enfanglanter encore.

L'exiftence de ce prétendu droit
une fois reconnue, ou plutôt la néceffité de cette tolérance une fois établie, que doit fe propofer chacun des
concurrents quand il fe livre aux excès
qu'elle autorife ? La confervation de

fes forces, & l'affoibliſſement de celles de ſon ennemi. Tout ce qui remplit un de ces deux objets devient li-
cite. L'humanité tremblante à cet affreux ſpectacle, conſeille ſans doute
d'une voix mourante d'y travailler
avec le moins de rigueur qu'il eſt poſſible. Mais le ſon de la trompette
étouffe ſes gémiſſements, & ſes avis.
Le ſoldat marche ſans le moindre
petit ſcrupule, le fer & la flamme à la
main, prêt à faire éprouver aux vaincus, ce qu'il s'attend à ſouffrir lui-
même s'il n'eſt pas vainqueur.

C'eſt ce qui fait qu'on pille, qu'on
ſaccage; qu'on maſſacre ſans remords :
& cela eſt fort raiſonnable. On pille
pour s'enrichir ſoi-même de tout ce
qu'on enleve. On ſaccage pour appau-
vrir ſon ennemi de tout ce qu'on ne
ſauroit emporter. On maſſacre pour
diminuer le nombre des bras qu'il
pourroit appeler à ſa défenſe. On

confume fes provifions pour ménager celles que l'on a : ou on les brûle pour l'en priver. On épuife fon pays d'hommes en état de porter les armes , comme on faigne un frénétique dont on redoute la vigueur.

Tous ces détails font des parties intégrantes de l'héroïfme : ils accablent les petites ames , mais ils élevent les grandes , & font légitimés par ce motif. A l'égard des femmes , fi , comme l'affure pofitivement Grotius , (a) on a de temps en temps cru devoir permettre de les violer avec réflexion , c'eft un délaffement très-convenable à des héros : mais je n'en vois pas bien clairement l'utilité, & il n'eft pas probable qu'il foit jamais entré dans le plan d'une campagne.

______

(a) *Stupra in feminas in bellis, paffim legas permiffa , & impermiffa.* De jure belli ac pacis. Lib. 3 , cap. 4 n°. 19. Grotius avoue pourtant que ceux qui défendent ces actions font mieux que ceux qui les permettent.

E vj

Dans le cours de ces glorieuſes expéditions on ne ceſſe gueres de piller, & de ſaccager : mais on ne tue pas toujours. Même après les actions les plus chaudes, les épées s'émouſſent ; & les bras ſe laſſent. On devient humain par fatigue, & compatiſſant par épuiſement. Le vainqueur épargne donc les vaincus ; mais pour s'aſſurer d'eux, il les traîne après lui en rentrant dans ſon camp : & les cris de joie qu'il pouſſe en liant ces malheureux reſſemblent aſſez aux rugiſſements du lion, quand il ſe bat les flancs en ſerrant dans ſes ongles la proie qu'il va dévorer.

Cependant que fera-t-il de ces priſonniers ? Comment ſe décidera-t-il ſur leur ſort, pour être fidelle aux loix de la guerre, c'eſt-à-dire à l'eſprit dans lequel il l'a entrepriſe ? Le bienfaiſant Titus s'amuſoit à en faire crucifier cinq cent tous les matins, au fiége de Jérufalem : mais c'étoient des Juifs, & tout le monde n'a pas des Juifs à combattre. Tout le monde n'eft pas capable non plus de ces plaifirs-là, qui auroient fait évanouir Néron de pitié, & il faut avouer que ce n'eft pas en donnant de pareils ordres, que Titus a mérité d'être appelé les délices du genre humain.

Le vainqueur ne crucifiera donc point fes prifonniers. Il ne les égorgera pas même. Il ne replongera point le lendemain dans leur fang fon épée rebutée du carnage de la veille. Mais quel parti prendra-t-il *pour s'affurer tellement de leurs perfonnes qu'ils ne puiffent plus nuire*, ce qui, fuivant M. de Montefquieu, eft le droit véritable de la guerre ?

Il ne les renverra pas fans doute. Ce feroit bien mal remplir fon but. Ce feroit expofer tous fes avantages,

& donner à l'ennemi terrassé de nou-
velles ressources pour se relever. Ces
captifs sortis de leur prison retourne-
roient dans leur patrie, le cœur plein
de la honte de leur défaite, & du de-
sir de s'en laver, sur-tout, si, comme
il est inévitable, ils ont essuyé de mauvais traitements, avant que de tendre
de bonne grace les mains à la corde
qu'on leur présentoit.

Les conservera-t-il sous ses yeux,
en les faisant veiller soigneusement,
de façon qu'ils ne puissent ni se révolter, ni s'échapper ? Alors leur sub-
sistance tombe à sa charge, & c'est
un très-grand embarras. De plus, il
faut des détachements considérables
pour escorter ces multitudes d'hommes qui soupirent après la vengeance,
& qui sacrifieroient volontiers leur
vie pour l'arracher à l'un de leurs
ennemis.

'Ainſi, priſonniers ils accablent leur vainqueur. Ils conſument ſes proviſions s'il les nourrit, & s'il ne les nourrit pas, il ne leur a ſûrement fait aucune grace en les épargnant. Ils l'affoibliſſent par les gardiens qu'il faut leur attacher. Ils retardent ſes opérations par le temps néceſſaire pour les diſperſer dans les villes où on les enferme, par l'augmentation de la garniſon qui en réſulte.

Ce ſont même des eſpions qu'il entretient dans l'intérieur de ſes places. L'inquiétude qu'ils lui donnent, ou les avis qu'ils peuvent donner ſont capables d'arrêter ſes progrès. Libres ils reviendront le combattre ? Ils n'attendent que cet inſtant pour retourner à leur régiment. Ils enfonceront un jour dans ſon ſein la bayonnette qu'il a écarté du leur. Qui ſait ſi à la premiere bataille ce ne ſera pas ceſurcroît

de forces, qui rendra son adversaire
supérieur, & s'il ne perdra pas tout
le fruit de sa victoire, pour n'en avoir
pas poussé assez loin les effets?

CHAPITRE IX.

Que l'esclavage est le seul moyen qui puisse tranquiliser le vainqueur, & la seule raison qui puisse l'engager à faire grace de la vie aux ennemis qui tombent entre ses mains.

IL *est faux,* dit M. de Montesquieu, *qu'il soit permis de tuer dans la guerre autrement que dans le cas de nécessité* (a). Cela est vrai : mais ce cas de nécessité se borne-t-il donc, comme le veut l'Esprit des Loix, à la seule minute qui suit immédiatement le combat ? Ne s'étend-il pas indifféremment à toute la durée de la guerre ? Ce terrible pouvoir ne me suit-il pas depuis

____

(a) Esprit des Loix , chap. 2 , du liv. 15.

l'inſtant où j'ai pris les armes juſqu'à celui où je les poſe ?

Si j'en ai pu faire uſage dans la mêlée pour me préſerver du péril d'aujourd'hui ; pourquoi ne le pourrai-je pas enſuite pour me garantir de celui de demain : Or, celui de demain eſt inévitable ſi je lâche mon priſonnier, & qu'il ſe retrouve en état de répondre à mes ménagements, par de nouveaux efforts pour m'ôter la vie.

M. de Monteſquieu a bien établi qu'un Prince pouvoit faire la guerre à ſes voiſins, uniquement pour les empêcher de devenir trop puiſſants (a) : principe affreux, pour le dire en paſſant ; principe qui livre la terre ſans

---

(a) Eſprit des loix, liv. 10, chap. 2. Il faut obſerver pour la juſtification de M. de Monteſquieu, qu'il dément quelques lignes plus bas que ce principe & que même on eſt bien fondé à croire que ce n'eſt que par inadvertance qu'il l'a inſéré dans ſon livre.

reſſource à l'inquiétude des conquérants , & ſuivant lequel il n'y a plus
de violence qui ne ſoit équitable , ni
d'uſurpation qui ne devienne légitime : principe cependant trop ſouvent
pratiqué , même de nos jours , & qui
a donné lieu à la guerre la plus ſan-
glante dont il ſoit queſtion dans les
annales de l'humanité , au milieu d'un
ſiecle où l'on ne parle que de beaux
arts , de politeſſe , & de philoſophie.

Ce qui fait que ce principe eſt horrible , c'eſt qu'il conduit à faire des
maux certains , dans la crainte d'un
danger fort douteux. Quelque puiſ-
fant que devienne mon voiſin , je ne
ſuis jamais ſûr que ſa grandeur doive
me devenir funeſte. Ce n'eſt que par
les effets que je puis connoître ſes in-
tentions : & tant qu'il ne m'attaque
pas , tant qu'il ne fait qu'agrandir ſes
poſſeſſions ſans toucher aux miennes ,
ou les améliorer ſans endommager

mes fonds, il eſt clair qu'il n'eſt point mon ennemi. Je ne puis, ſans la plus cruelle injuſtice, expoſer ſes ſujets & les miens à la boucherie, ſous prétexte de me précautionner contre l'avenir. S'il y a dans le monde une vérité palpable, c'eſt celle-là.

Mais une autre vérité non moins évidente, quoiqu'elle ne ſoit pas ſi douce, c'eſt que quand une fois ce voiſin & ſes ſujets ſe ſont déclarés mes ennemis, ils ne ceſſent plus de l'être que je n'aie une certitude entiere qu'ils ont renoncé à leurs projets, ou qu'ils ne ſoient réduits à une incapacité abſolue de me nuire. Juſqu'à la ſignature de la paix, je n'ai point cette certitude, ou plutôt j'en ai une toute contraire. Il eſt conſtant que juſqueslà ils n'ont point changé d'eſprit. Juſques-là leur poſition envers moi eſt donc la même.

Qu'ils réſiſtent, ou qu'ils fuient,

qu'ils combattent, ou qu'ils se rendent, qu'ils paroiſſent avec des armes,
ou qu'ils n'en aient pas, ils ſont mes
ennemis. Le tort qu'ils ne me font pas
aujourd'hui, parce que je ſuis le plus
fort, ils me le feront demain, s'ils en
ont le pouvoir. Les armes qu'ils ont
jetées à mon approche, ils les repren-
dront dès que je ſerai éloigné. Voilà
de quoi je ſuis ſûr.

Je puis donc uſer envers eux du droit
de la guerre dans toute ſon étendue :
il y a pour moi une néceſſité preſſante
de le faire. Je ſuis autoriſé à les mettre par toutes les voies poſſibles dans
l'impoſſibilité de travailler à ma perte :
mais en bonne politique, il n'y en a que
deux qui puiſſent produire ſûrement
cet effet, c'eſt de les tuer, ou de les
vendre.

Le premier de ces deux partis eſt
dur, je l'avoue. Il doit répugner ,
même à des conquérants. Leurs pa-

reils, les animaux féroces, parmi lef-
quels je crois qu'ils peuvent bien tenir
le premier rang, ne tuent que quand
ils font animés par la colere, ou par
la faim : de même le plus impitoyable guerrier fe refufe à augmenter
de fang froid ces monceaux de cada-
vres, dont il a jonché la terre dans
le tranfport de fa paffion.

Ce n'eft pas fans doute une véritable humanité qui le rend fi modéré,
puifque dans un inftant il retombera
dans les mêmes accès, & fe livrera à
la même fureur. Mais dans fes bons
intervalles il redoute des fenfations
que fon délire lui rendoit agréables.
La vapeur de ce fang qui fume offenfe
enfin fon odorat. Il frémit d'être
réduit à faire toujours l'office de bou-
cher. Il fe réfout difficilement à fouil-
ler de nouveau fes mains qu'il a lavées
au fortir du combat, pour fouper avec
fa maîtreffe. Car il n'eft pas indiffé-

rent d'obſerver que les héros font volontiers ſuccéder les plaiſirs à la cruauté, & la volupté à la barbarie.

En me faiſant l'honneur de me ſuppoſer au nombre de ces fléaux encore plus deſtructeurs que brillants, je laiſſerai donc la vie à mes priſonniers par dégoût de les tuer. Mais la raiſon me crie que je riſque par-là d'augmenter la multitude de mes adverſaires. Elle me fait voir qu'au moins, pour les tenir dans l'impuiſſance de venir m'attaquer, je diminue le nombre de mes défenſeurs ; ce qui produit toujours pour moi un effet très - défavantageux, & directement contraire au but que je me ſuis propoſé en prenant les armes.

Si j'avois une baguette de Fée, ſi je pouvois avec des mots magiques élever un château dont tous ces Chevaliers ne puſſent pas ſortir, même quand les portes en feroient ouver-

tes ; fi j'avois le fecret de les y en-
chanter de forte qu'ils y puffent vivre
fans éprouver les befoins de la nature,
ou le defir de la liberté, je ferois
obligé, fans contredit, fous peine de
paffer pour un mauvais génie, pour
un démon deftructeur, de les y laiffer
tranquillement enfermés : à moins
cependant qu'on ne me menaçât de
venir avec un talifman fupérieur détruire mes murailles de criftal : car
dans ce cas je rentrerois dans tous mes
droits, pour les empêcher de rentrer
dans les leurs. Je ferois forcé d'employer une épée au-lieu de ma baguette. Pour me mettre l'efprit en
repos fur le compte de ces redoutables
preux, pour ne plus rifquer de les
retrouver en mon chemin, il faudroit,
ou leur ôter la vie, ou les charger de
fers fi pefants, qu'aucun talifman ne
pût les rompre ; c'eft-à-dire les livrer
à la garde d'un maître intéreffé à me

décharger de l'obligation de les garder
moi-même, & confier à l'avarice le
foin de les empêcher de rentrer dans
leur pays où ils me feroient nuifibles :
or, c'eft ce qu'on ne peut attendre que
de l'efclavage.

Si cette effrayante alternative peut
être légitime, même pour des magi-
ciens qui auroient toutes les reffources
de la nature à leurs ordres, combien
le devient-elle davantage pour de foibles & malheureufes créatures telles
que nous, qui ne pouvons difpofer
que de celles de la politique. Nous ne
les employons, il eft vrai, qu'à la deftruction de nos pareils : mais enfin
c'eft pour prévenir la nôtre. Il eft certain que nous pouvons tuer quiconque
fe préfente pour nous tuer. Il eft certain que quand nous en avons ôté le
pouvoir à l'agreffeur, fans lui en avoir
enlevé le defir, il eft toujours auffi
criminel envers nous ; nos précautions

doivent donc s'étendre fur l'avenir,
comme fur le préfent. Elles doivent
furvivre à fon impuiffance actuelle qui
eft involontaire, & prévenir le retour
de fes mauvaifes difpofitions, qui feroit auffi infaillible que dangereux à
l'inftant où il auroit les bras dégagés.

CHAPITRE

CHAPITRE X.

Premiere réponse à une objection sur ce sujet.

IL évident qu'en traitant ainsi le vaincu, je ne fais que me prévaloir du droit de la défenfe naturelle. Je me mets à couvert de fon reffentiment ; je me délivre de la crainte de le voir reparoître fur le champ de bataille où je l'ai pris ; j'empêche que mon ennemi ne trouve des reffources contre moi dans ma propre bonté ; je ne commets même dans ce procédé que la barbarie la plus douce qu'il foit poffible, puifque le droit de la guerre étant une permiffion expreffe d'ôter la vie, je le reftreins à la deftruction des libertés.

Mais, dira-t-on, de votre aveu même, cet état d'inimitié qui vous donne tout pouvoir fur les partifans de

votre ennemi, ne se soutient que jusqu'à la signature de la paix. Dès qu'elle
est conclue entre lui & vous, la réconciliation s'ensuit, & la haine s'éva-
nouit. Vous n'avez pas alors de raison
pour craindre ceux de ses sujets dont
la prudence vous a fait un devoir de
vous assurer. Vous êtes obligé non-seulement de leur laisser la vie, qui ne
peut plus vous nuire, mais de leur
rendre la liberté, dont vous ne les
avez privés, que par des motifs qui
ne subsistent plus.

Cette restitution cependant ne dépend plus de vous, si vous les avez
livrés à des étrangers qui les auront
eux-mêmes déjà négociés, & trans-
portés au loin. Pendant le cours d'une
longue guerre ils auront pu être enlevés dans des pays d'où il ne sera pas
possible de les retirer. Ils seront morts
peut-être de fatigue, de mauvais traitements, de désespoir dans leur nou-

vel état : & quand ils vivroient, vous leur aurez fait un tort irréparable , que vous êtes cependant en cette occaſion tenu de réparer , puiſque vous reconnoiſſez, qu'au moins en ce moment, ils ceſſent d'être vos ennemis.

Tout ce raiſonnement eſt bien plus ſpécieux que ſolide. Il porte ſur des principes faux. Il n'eſt pas vrai que la ſignature de la paix m'impoſe l'obligation de briſer les chaînes de tous ceux de mes ennemis que j'ai pris les armes à la main. Il n'eſt pas vrai non plus que l'eſclavage auquel je les ai réduits doive ceſſer à l'expiration de la guerre, & que je ſois forcé par les régles de la juſtice de ramener dans leur pays ceux qui l'ont quitté pour venir ſaccager le mien.

Premiérement, le but de la paix, je l'avoue, eſt de faire ceſſer les maux que produit la guerre. Son effet eſt d'éteindre les haines, & d'interrompre les hostilités. Elle essuie les larmes de l'humanité ; elle travaille à en guérir les plaies : elle ramene dans les provinces désolées la justice, le commerce, l'abondance, toutes ces filles du ciel qui se sont cachées au premier bruit de la mousqueterie, & qui ne marchent qu'en tremblant, sur ce terrain encore tout noirci des feux que les bombes y ont vomis, tout couvert des décombres que les mines y ont jetés, & tout trempé d'un sang corrompu qui l'infecte.

Plus les biens qu'elle produit sont précieux, plus il est intéressant pour le genre humain qu'elle soit durable. Or, il y a mille cas où la rentrée des prisonniers de guerre dans leur patrie, seroit lsie gnal d'une révolution funeste à la paix. Si l'ennemi à qui on les rend ne l'a signée que par foiblesse, il est naturel qu'il songe à la rompre dès qu'il s'apperçoit du retour de ses forces.

Un tigre à qui vous aurez cassé les dents, & coupé les ongles, sera souple & soumis sans doute, tant que durera son humiliation. Mais la férocité lui reviendra avec ses armes. Il se montrera plus fier, à mesure qu'il les sentira repousser : & que sera-ce, si vous lui rendez tout d'un coup des dents entieres, & des ongles tout formés ? Le premier usage qu'il en fera sera une déclaration de guerre, & pour premier trait de reconnoissance il dévorera son bienfaiteur.

Il en est de même des empires. Si c'est l'épuisement, comme il arrive toujours, qui leur a fait poser les armes ; si c'est l'impossibilité de perdre plus de sang qui les a fait accéder au traité par lequel ils s'engagent à ménager celui de leurs rivaux ; ce traité, comme il arrive toujours aussi, ne se

soutiendra qu'autant que la foiblesse
dont il est fruit. Dès qu'ils la croi-
ront dissipée ils courront à la vengeance. Ils écarteront l'acte solemnel
& bienfaisant auquel ils seront redevables de la restauration de leur vigueur ; dans le transport de la conva-
lescence ils se hâteront de se débar-
rasser de l'appareil qui aura servi à
fermer leurs blessures.

Or, leur restituer leurs prisonniers,
n'est-ce pas accélérer cette convales-
cence qui occasionnera de nouveaux
troubles. Si le but de la guerre a pu
être de les jeter dans un accablement
entier, celui de la paix doit être de
prolonger cette défaillance de qui dépend la tranquillité universelle. La
restitution des prisonniers est pourtant
au contraire, un spécifique infaillible
contre elle. Par-là l'imprudent vainqueur se trouvera avoir remis au hasard la supériorité que lui avoit donnée

la fortune, il verra bien-tôt les mêmes
guerriers qu'il aura épargnés & rendus,
lui demander raison de son indulgence, & protester à grands cris
contre les engagements que la violence seule, diront-ils, a pu leur
arracher.

CHAPITRE XI.

Seconde réponse à une objection sur le même sujet.

SECONDEMENT, en supposant même, contre l'expérience, que la formalité d'un congrès pût paroître aux princes un engagement inviolable; en supposant qu'ils se crussent liés à jamais par la cérémonie de signer en grand appareil quelques articles d'accommodement presque toujours si mal rédigés, qu'ils sont infailliblement la source ou le prétexte des débats postérieurs; quand la foi publique, à laquelle on ne permet point que les particuliers dérogent, auroit le même empire sur ces puissances formidables qui se jouent des serments, de la vie des hommes, de tout ce que l'uni-

vers a de plus terrible , ou de plus
facré , il n'en réfulteroit pas encore
que la paix dût rouvrir aux prifonniers
faits à la guerre l'entrée de leur patrie.
Leurs maîtres n'en feroient pas plus
obligés de les renvoyer libres. Eux-
mêmes n'en feroient pas plus en droit
de demander des réparations pour le
prétendu tort qu'ils auroient fouffert.

Vous & vos fujets qui pofez libre-
ment , volontairement les armes , vous
n'êtes plus mes ennemis. Après cette
démarche je ne puis plus vous faire
de tort fans paffer pour un brigand ,
parce que vous avez renoncé à me
nuire , & que j'en ai la certitude ;
c'eft-là qu'expire la néceffité de tuer :
dorénavant nous redevenons ce que
nous n'aurions jamais dû ceffer d'être,
hommes & freres , & notre union , fi
elle étoit durable , effaceroit en peu
de temps les veftiges des horreurs qu'a
produites notre rivalité.

F y

Mais les heureux effets de l'une se bornent à ceux d'entre les membres de nos états , qui n'ont point été les victimes de l'autre. Les infortunés qui ont payé de quelque maniere que ce soit, la défense des droits vrais ou prétendus de leur pays , ou plutôt de l'ambition dont ils se font rendus les instruments , doivent dans tous les temps renoncer à la liberté qu'ils ont perdue , comme ils avoient renoncé à la vie , avant le combat où ils l'ont exposée. Ces deux principes ont entre eux une liaison sensible.

Si j'avois tué tous ces ennemis que je me suis contenté de faire esclaves , vous n'exigeriez pas sans doute que je les ressuscitasse. Or je pouvois les tuer incontestablement. C'est la captivité seule qui les a souftraits au tranchant de mon épée. Si l'avarice ne m'avoit pas fait imaginer & adopter cet équi- valent à une cruauté nécessaire , j'aurois été forcé de leur donner la mort. Mais cet anéantiſſement civil auquel j'ai préféré de les réduire, doit - il avoir des ſuites plus bornées, que n'en auroit eu la deſtruction violente que je pouvois leur faire éprouver?

Ils ne ſont plus mes ennemis ! Je l'avoue : mais ils l'étoient, quand j'ai fait uſage contre eux du droit inhumain qu'ils auroient employé contre moi s'ils l'avoient pu. Son effet devoit être la perte irréparable & phyſique de tous ceux que la fortune jugeoit à propos d'y ſoumettre. Pourquoi ſeroit-il moins durable, quand j'ai bien voulu le reſtreindre, qu'il ne le ſeroit, ſi je lui avois laiſſé toute ſon étendue ? Mon indulgence ſeroit-elle une raiſon pour me demander des réparations ? & vous-feriez vous un titre contre moi de ce que je ne vous ai pas traité avec aſſez de rigueur ?

Ils ne ſont plus mes ennemis ! cela

eſt vrai : mais s'enfuit-il delà que je ſois tenu de faire ceſſer la punition qu'ils ſouffrent pour les maux qu'ils m'ont voulu faire quand ils l'étoient ? Mon voiſin a un arbre fort élevé ſur la liſiere qui ſépare mon champ du ſien ; cet arbre empiete ſur mon terrain , & par ſon ombre il nuit à mes moiſſons. La juſtice m'autoriſe à le faire abattre ou arracher. Me condamnera-t-elle à le relever quand j'aurai coupé mon bled? Serai-je obligé de le remettre en place, ſous prétexte qu'il n'y a plus rien ſur ma terre à quoi il puiſſe devenir funeſte ?

Non ſans doute : la mort qu'il a reçue de la cognée, ou au-moins le déplacement qu'il a ſouffert, eſt la peine éternelle du tort paſſager qu'il me faiſoit. Ni lui ni ſon maître n'ont lieu de s'en plaindre. S'il m'étoit poſſible de le coucher doucement l'été, & de le rétablir ſur ſa ſouche à la fin

de l'automne, je me contenterois pour
toute précaution, de cette viciſſitude
plus gênante pour lui que pour moi.
Je me bornerois à lui faire ſigne de
s'abaiſſer aux premiers rayons du prin-
temps ? & je verrois ſans chagrin ſa
tige ſe redreſſer, s'affermir, pour
braver la biſe & les frimats.

Mais cet arrangement eſt impraticable : je ne puis me préſerver du
dommage préſent qu'il me cauſe, que
par une opération violente & durable;
& ſi, au lieu de le ſcier ſur le pied,
je ſouffre qu'on l'enleve avec ſes racines ; ſi au lieu de les faire débiter
ſur la place je permets qu'on aille le
replanter ailleurs, on n'en ſera pas
plus fondé ſans doute à me preſſer de
le rapporter en décembre à l'endroit
dont j'ai eu raiſon de le chaſſer en
juin.

J'étois autoriſé à l'écarter du lieu où
il me nuiſoit. J'en avois deux moyens,

l'un rude, l'autre moins rigoureux. Je
suis également innocent de leurs suites.
Ç'auroit été un malheur pour lui de
périr sous ma hache. C'en est un aussi
d'être condamné à vivre loin de la
terre où il est né, & où sont restées
les racines qui l'ont nourri : mais ce
n'est pas moi qu'il en faut accuser ;
c'est la nécessité de me garantir à ses
dépens de la perte qu'il me faisoit
redouter.

Cet exemple doit faire évanouir
sans retour la difficulté qui nous occupe. Un guerrier, fait esclave pendant
la guerre, ne sauroit reclamer à la
paix sa liberté, puisque la durée de sa
servitude est la suite indispensable de
l'état où je l'ai trouvé, quand je l'ai
fait prisonnier. Personne ne l'auroit
acheté, si je l'avois vendu sous la condition de le relâcher quand l'envie me
viendroit de fermer mes arsenaux, &
de licencier mes régiments. J'aurois

donc été obligé de le garder : mais je n'aurois pu le faire fans m'affoiblir, & fans perdre peut-être, par les foins néceffaires pour veiller fur fa prifon, plus de forces qu'il ne m'en auroit fallu pour le vaincre fur le champ de bataille. Je me ferois donc trouvé dans l'obligation de le tuer pour mon falut.

L'efclavage eft la condition fous laquelle je lui ai laiffé la vie ; le maître à qui j'ai dans ce moment tranfmis mes droits par un contrat folemnel, n'eft pas tenu de s'informer des événemens qui le fuivent. Dès qu'il a donné fon argent les chofes reftent à fon égard dans la fituation où elles étoient à cette époque. Le ferf qu'il a payé eft une victime dévouée à la mort, qu'il y a fouftraite pour fon propre avantage ; & tant que la nature ne redemandera point à l'efclave la vie que cet acte falutaire lui a confervée, il doit en employer tous les moments à remplir les devoirs que lui impose la volonté de son bienfaiteur.

Il est bien clair qu'en envisageant les choses de ce côté, & c'est celui que présente la saine politique, le besoin de pourvoir à sa propre conservation, donne au vainqueur, même au-delà du traité, des droits sur tous les soldats dont la prise en aura précédé l'acceptation. Il doit après l'avoir signé respecter tous ceux qui jusques-là auront échappé à ses efforts, ou à ses recherches : mais ceux qui y auront succombé ; c'est-à-dire les morts & les prisonniers, n'ont rien à prétendre dans les effets de la réconciliation. La même raison qui a permis de tuer les uns, permet d'éterniser les fers des autres. Rendre ceux-ci, c'est porter soi-même une atteinte mortelle à la paix qu'on accorde, & détruire la cause qui l'a rendue nécessaire.

D'ailleurs la paix n'a point d'effets

rétroactifs , & elle ne fauroit en avoir. Elle emporte une obligation de laiffer les chofes dans l'état où elles font, au moment où on la publie ; mais non pas de les rétablir dans celui où elles étoient avant les convulfions qu'elle vient calmer. C'eft un remede qui appaife la douleur : mais le médecin qui l'adminiftre n'eft tenu de faire difparoître ni l'épuifement qu'a produit la violence des accès , ni la maigreur qui eft la fuite de leur durée.

C'eft au temps , c'eft au régime à diffiper l'un & l'autre. C'eft dans fon propre fonds que le malade doit chercher la réparation de l'embonpoint qu'il a perdu. Ces guerriers dont vous demandez la reftitution , font des humeurs qui fatiguoient les deux corps politiques. C'eft en les expulfant des deux côtés , & les uns par les autres , que nous fommes parvenus à recouvrer notre repos. Ce feroit le compromettre, comme je viens de le prouver, que de leur rendre leur influence & leur activité fur ces corps qui s'en font fi heureufement dé-livrés.

CHAPITRE XII.

A quelle espece d'engagement est sujet envers son maître, le prisonnier de guerre fait esclave. Etranges raisonnements de plusieurs Philosophes sur cet article.

J'ai dit que le marché par lequel un prisonnier de guerre est soustrait à la mort qui le menace, faisoit naître pour lui des devoirs, & le mettoit dans l'obligation de sacrifier le reste de sa vie au service du maître de qui il recevoit cette triste espece de bienfait. On ne me fera pas, à ce que j'espere, l'injustice de croire que j'attache à cette obligation, aucune idée d'équité rationnelle & stricte ; on ne s'imaginera pas que je regarde cette captivité comme un engagement dont

la bonne foi doive être la fauvegarde ,
ni que je réprouve les efforts que fait
un pareil efclave pour le rompre. Ce
fyftême eft celui de Hobbes & de
Pufendorff, mais ce n'eft pas le mien.

Ces écrivains qui ne font pas fouvent d'accord , fe réunissent pourtant
fur ce point-ci. Tous deux affurent
(*a*) que l'efclavage d'un prifonnier de
guerre eft une *convention* volontaire ,
arrêtée entre les deux parties , fous des
claufes authentiquement exprimées.
C'eft fuivant eux , un contrat dans
lequel chacune apporte du fien ; l'une
met dans la balance la vie qu'elle
n'ôte pas : l'autre y place la promesse
d'une obéiffance aveugle , & les fervices qu'elle s'engage à rendre : ce qui
fait une compenfation exacte , & fuf-
fifante d'après les mêmes auteurs pour

____

(a) Hobbes, *de cive* , cap. 8 , n. 1 Pufendorff, *du droit de la nature & des gens.* liv. 6
chap 3.

légitimer , pour rendre juste le domaine de la premiere , & la dépendance de la feconde.

On reconnoît toujours là cette manie de donner pour principe à tout
ce qui fe paffe dans la fociété , une
convention fpontanée : on y retrouve
la fureur de juftifier par la fuppofition
d'un accord chimérique & impoffible ,
l'origine des violences , des barbaries ,
des privations cruelles qui font ufitées
entre les hommes , & que la force y a
introduites au préjudice du grand nombre , en faveur du petit. J'ai dé,à fait
voir dans plufieurs cas , combien cette
fuppofition étoit abfurde & révoltante : elle ne l'eft pas moins dans
celui-ci.

Premiérement il n'y a , & il ne fauroit y avoir de convention entre le
vainqueur qui vend , & le vaincu qui
eft vendu malgré lui. On faifit celui-
ci : on l'arrête : on le défarme : on le

lie : on l'emporte. Toutes ces opérations fans doute ne font pas précédées d'une négociation bien longue, & celle qui les couronne, celle qui livre fa perfonne à l'acheteur qui l'emmene, ne lui eft pas plus communiquée que les autres.

On le livre ; mais on ne le confulte pas : loin d'accéder au traité qui confomme fa fervitude, le défefpoir avec lequel il fe débat contre la chaîne qui l'accable, prouve affez qu'il ne confent point à s'en laiffer charger. C'eft par la crainte qu'on étouffe fes réclamations : c'eft en lui mettant un baillon dans la bouche qu'on fe précautionne contre le defir qu'il a de protefter. Et quand fa voix parviendroit à s'échapper, quand il feroit retentir de fes plaintes le bazar où on l'expofe, l'écouteroit-on davantage ? En feroit-il moins forcé de fuivre le marchand à qui on l'adjuge ?

Je lui donne la vie, dites-vous : il faut bien qu'il me rende quelque chofe en échange : & comme j'ai fur lui tous les droits poffibles, c'eft fa liberté, que j'exige en dédommagement. A la bonne-heure : mais êtes-vous sûr qu'il confente à cet échange, pour l'honorer du nom de convention ? Cet abus du mot n'eft-il pas un prétexte que vous hâtez de faifir, pour effayer de raffurer votre propre cœur qui fe révolte contre tant d'atrocités ? Combien de prifonniers de guerre qui préféreroient la mort à l'efclavage, fi on leur en laiffoit le choix ! Combien y en a-t-il qui aimeroient mieux verfer tout leur fang, que de porter des fers !

Ce n'eft pourtant pas leur inclination que vous fuivez : c'eft votre intérêt. Vous ne les épargnez que parce que leur fang ne vous produiroit rien, au-lieu que leurs fers vous deviennent lucratifs : mais en cela je ne vois que

vous de confulté. L'efclave attend &
reçoit votre décifion dans le filence.
C'eft la force qui l'oblige enfuite à s'y
conformer ; & quand vous ofez dire
que vous lui commandez en vertu d'une
convention qu'il a ratifiée , c'eft une
infulte de plus que vous lui faites.
Quelle étrange forte de convention
que celle où la partie léfée n'a pas
même le droit de l'examen , & dont
les claufes font dictées par celui des
contractants qui en retire tout le
profit !

Le captif à cet examen , & ce
choix, dit *Loke* : *s'il trouve l'efclavage
plus infupportable que la vie n'eft douce,
il eft en fon pouvoir de s'attirer la mort
en défobéiffant à fon maître : & s'il obéit,
c'eft une marque qu'il préfére la fervitude
à la mort ; d'où naît la convention & le
droit d'en répéter l'accompliffement fans
fcrupule. Quel raifonnement !*

Un captif peut s'attirer la mort par
fa

fa défobéiffance ! Sans doute : mais il peut fe la donner auffi. Et qu'en réfulte-t-il ? Que concluez vous de ce qu'il ne s'étrangle, ni ne s'étouffe, ni ne s'empoifonne ? Un lion peut fe brifer la tête contre les barreaux de la cage où on le renferme. Il y en a qui le font. S'enfuit-il delà que tous ceux qui ne le font pas confentent volontairement à fe laiffer mener de ville en ville, pour amufer la curiofité des paffants ? Un prifonnier tient encore à la vie : il aime mieux obéir, que de fe laiffer meurtir de coups, & d'expirer fous le bâton, & vous en inférez qu'il ratifie de bon gré cette violence, tandis qu'il ne la fupporte, que dans l efpérance de s'y fouftraire par la fuite.

Mais c'eft encore faire de fa patience même un titre pour en abufer. C'eft regarder comme un acte de fa volonté celui qui en dépend précifément le moins, & qui annonce le plus une foumiſſion involontaire. S'il ſe donnoit la mort, ce feroit le cas où il feroit uſage de ſon libre arbitre ; mais dès qu'il s'en tient au choix que vous avez fait pour lui, dès qu'il reſte dans la ſituation où vous l'avez placé, dès qu'il vit parce que vous n'avez pas voulu le tuer, cette vie même à laquelle il ſe laiſſe attacher, eſt un monument de ſon eſclavage : il obéit déjà en ne la quittant point. Vous ne pouvez donc pas vous autoriſer de ce prétendu choix, puiſque c'eſt vous qui l'avez fait, & non pas lui. Sa ſervitude eſt l'ouvrage de votre intérêt, & non pas celui de ſa volonté.

Secondement, ſi dans cet inſtant on faiſoit avec lui quelque convention ou tacite, ou réelle, il feroit inutile, il feroit affreux de le vendre. Ce traitement ne feroit plus même une ſuite du droit de la guerre, ou de la néceſſité, mais de la vengeance, & de l'avarice. Il fuffiroit pour s'affurer de lui, ou contre lui, de tirer fa parole qu'il ne fera point d'ufage de fa liberté pour vous nuire, comme on fuppofe ici qu'il promet de faire au contraire ufage de fa captivité pour vous fervir. L'engagement feroit auffi valable pour le premier cas, qu'on prétend qu'il l'eft pour le fecond. Alors l'efclavage deviendroit une barbarie effroyable, parce qu'il ne feroit plus motivé. Ce feroit le droit des furies, & non celui des guerriers, parce qu'il cefferoit d'être néceffaire.

Ainfi la raifon même qu'alléguent ces deux auteurs pour le juftifier, eft précifément celle qui le rendroit fouverainement injufte. Ce n'eft que parce qu'il ne peut exifter aucune convention entre le vainqueur & le vaincu, que l'un peut prolonger contre l'autre l'exercice du droit inhumain dont il fe prévaut. Ce n'eft que parce qu'il ne peut s'ouvrir entr'eux aucune voie de médiation, que le plus fort eſt autoriſé à s'approprier la perſonne du plus foible, & à ſubroger à ſa place qui il lui plaît, quand il juge à propos de ſe deſſaiſir pour de l'argent du pouvoir qu'il tient de la néceſſité.

Troiſiémement, l'idée d'une pareille convention eſt encore plus abſurde qu'impraticable. Si elle exiſtoit, il s'enſuivroit pour le captif une obligation juridique de reſpecter l'infortune qui l'opprime. Il ne pourroit plus ſe ſauver, ſans ſe rendre coupable d'un vol. Il faudroit qu'il laiſſât dans les mains de ſon maître, ou ſa perſonne, ou ſa vie; ſans quoi il emporteroit en même-temps l'objet, & le prix du marché. Quand un heureux haſard ou ſon induſtrie lui ouvriroit la porte de ſon cachot, il ſeroit contraint de la refermer lui-même, ſous peine de devenir parjure; & l'inſtant où il oſeroit par force ou par adreffe fe remettre en poffeffion de fa liberté, le dévoue-roit tout-à-la-fois & aux peines que la fociété prononce contre les infrac-teurs de fes loix, & aux remords qui la vengent, lors même que le criminel échappe à la punition.

C'eft auffi ce que foutiennent les deux auteurs que j'ai cités (a). Ils vont jufqu'à prétendre que l'afferviffement de l'efclave n'eft pas feulement fondé fur la vie qu'on lui laiffe, mais encore fur le pouvoir d'agir qu'on lui donne. Ils avancent qu'il eft d'autant plus étroitement lié envers fon maître, que celui-ci le refferre avec moins de rigueur, & que pour le priver du droit de s'enfuir, il fuffit de ne pas lui en ôter la puiffance ; ce qui, difent-ils, vient manifeftement d'une convention qui raffure le maître, & arrête le ferf,

____

(a) *Ibid.*

G iij

& fans laquelle l'un n'auroit jamais accordé à l'autre ce qu'ils jugent à propos d'appeler liberté corporelle, ou la capacité d'aller, de venir, de fe rendre utile de quelque maniere que ce foit.

N'eft-il pas fingulier que des hommes devenus célébres par le métier de raifonneur, s'en acquittent avec auffi peu de juftefle ? Quoi ! parce qu'après avoir pris un cheval fauvage dans un piege, un Hongrois le bride, le ferre, l'équippe, le monte, & s'en fert à la chaffe, on peut fuppofer qu'il y a entr'eux deux une convention par laquelle le premier s'eft engagé à ne point fecouer fon cavalier, & à préfenter toute fa vie une bouche docile au mors qui la bleffe ! parce qu'au lieu de l'écorcher pour en avoir la peau, on lui donne la permiffion de galopper pour les plaifirs, ou les befoins de fon maître , on en conclura raifonnablement qu'ils ont fait enfemble un traité de ne fe point féparer ! Et s'il vient à bout de couper fes rênes, ou de caſſer fon mors , on dira qu'il a contrevenu à fes engagements !

C'eſt ici préciſément le même cas. Quel eſt le motif par lequel un maître rend à fon priſonnier l'uſage de fes bras , ou de fes jambes ? C'eſt pour l'appliquer à quelque emploi dont il fonge à s'approprier les avantages. Le malheureux captif eſt un automate vivant dont on n'a pas la peine de monter les reſſorts , mais qu'on ne nourrit que pour fe payer avec uſure par le produit de fon travail du peu d'aliments qu'on lui fournit. Qui pourra jamais fe perfuader qu'une pareille fituation foit la fource d'aucune efpece de convention légitime ? Qui

ne sent que tout le droit du maître
vient de la force des rênes avec les-
quelles il gouverne sa monture ? Qui
ne voit que toute la sujétion de l'esclave dépend de la bonté du frein avec
lequel on le dompte ?

CHAPITRE XIII.

A quoi, & comment peut-on dire que l'esclave est engagé envers son maître ?

LA solution de ce problême est bien facile, après ce qu'on vient de lire. Il n'existe entre le maître & l'esclave aucune espece de convention, aucun lien moral qui réponde à l'un de la fidélité, de l'attachement de l'autre. A quoi donc celui-ci est-il engagé ? A tout, & à rien : à tout, quand le bâton le menace : à rien, quand le bâton s'éloigne, ou qu'il vient à bout de s'en saisir lui-même, & qu'il s'ouvre un chemin à la liberté avec le garant de sa servitude.

Hobbes, Pufendorff, & les autres se noyent dans des suites d'arguments abstraits , pour déterminer l'époque à laquelle cesse ou commence ce qu'ils appellent état de guerre ou de paix , entre deux hommes , dont l'un a acheté la personne de l'autre , & prétend avoir acquis sur lui une véritable propriété. Mais il est évident que dans une telle situation , il n'y a ni guerre ni paix : ou plutôt toutes deux se succédent alternativement , & suivant les circonstances.

Quand celui qui doit obéir le refuse, voilà une déclaration de guerre. Quand celui qui prétend commander , manifeste son droit en fouettant le rebelle, c'est un grand acheminement au traité de paix , & il ne tarde guère à être conclu après cet exploit. Le vaincu retourne à sa bêche : le vainqueur pose son fouet ; sauf à quitter ou reprendre les armes chacun suivant lebesoin , & à éluderou implorer le secours de ce puissant médiateur à la premiere revolte.

C'eſt lui qui rédige viſiblement toutes les conventions entre les parties. Leur prêter d'autres engagements récipro-ques, c'eſt ſe jouer de la raiſon, & des mots. Les pactes, les accords, ſuppoſent de l'égalité, de la liberté de part & d'autre. Pour accorder, il faut avoir la puiſſance de refuſer. Les pactes ne ſe forment qu'entre des êtres capables de les rompre, comme on ne ſauroit dire qu'un corps ſoit en repos, s'il n'a la faculté de ſe mouvoir. Sans cela ce n'eſt point un repos qu'il éprouve : c'eſt une immobilité, une inertie, une mort. De même il ne faut point dire que l'eſclave ſoit en-gagé, qu'il ait promis : ſa vie & ſon obéiſſance ſont toutes paſſives. La force qui lui a conſervé l'une, eſt l'unique fondement de l'autre, & la néceſſité en eſt la ſeule caution.

S'il eſſaye de s'enfuir, il fait très-bien : s'il parvient à s'échapper, il

G vj

fait encore mieux ; il uſe de ſon droit
naturel. Mais ſon maître a-t-il tort de
le pourſuivre , & de le punir ſévére-
ment quand il le rattrappe ? Non ſans
doute. Il eſt juſtifié par le droit civil.
C'eſt la valeur de ſon argent : c'eſt ſa
propriété qu'il répéte. Il châtie avec
raiſon un raviſſeur qui veut la lui enlever ; & quoique ce raviſſeur ait ſur
la choſe conteſtée , c'eſt-à-dire ſur ſa
propre perſonne , un droit bien anté-
rieur , & bien plus ſacré ; comme cependant il en a été dépouillé par une
ſuite des inſtitutions générales de la
ſociété ; comme ſur-tout il n'eſt pas
aſſez fort pour en ſoutenir la réclama-
tion , il n'a d'autre parti à prendre que
d'y renoncer ſans retour , ou de tâcher
de s'en reſſaiſir adroitement , ou de
ſouffrir avec réſignation les coups de
falaque auxquels il ſera condamné ſi ſes
tentatives ſont découvertes.

Ces principes ont été ceux de tous

les peuples, depuis l'établiſſement de la ſervitude. Ils ſubſiſtent encore dans toute leur vigeur en Aſie, en Afrique, & même en Europe. On reçoit à bras ouverts, à Marſeille comme ailleurs, un captif qui eſt venu à bout de ſe ſauver de Tunis ou d'Alger. On le félicite à la deſcente de ſa barque, & dans l'inſtant même où on l'accable de complimens ſur ſon heureuſe évaſion, on ne laiſſe pas de fouetter impitoyablement un forçat imprudent qui aura voulu imiter ſon exemple, mais avec moins de fortune ou d'adreſſe, & rendre à ſa patrie par la reſtitution d'un Turc libre ce qu'elle a perdu par la fuite d'un François eſclave.

S'il étoit poſſible cependant d'imaginer la moindre ombre d'un pacte ou d'une convention ; ſi le matelot de Barcelonne qui a été mis à la chaîne par le corſaire de Salé, avoit contracté envers lui, ou celui à qui il eſt

vendu enfuite , la moindre efpece
d'obligation pour la vie qu'il ne lui a
pas ôtée , ce départ clandeſtin , cette
évafion fugitive ne feroit-elle pas auſſi
flétriſſante , même après le fuccès ,
qu'elle devient glorieuſe ? On feroit
d'autant mieux fondé à en faire un
fujet de reproche , que le captif en
s'enfuyant ainſi , caufe au maître qui
l'achete une perte réelle. Il lui vole
dans toute la rigueur du terme , la
quantité de fequins qu'il a cru pouvoir
en donner.

On ne s'eſt pourtant jamais aviſé
d'examiner fi l'efclave qui fe fouſtrait
au pouvoir de fon maître, commettoit
une injuſtice. Aucun capitaine de vaif-
feau ne refufera de le recevoir fur fon
bord , s'il a la hardieſſe de fuivre à la
nage au milieu des flots , la liberté qui
l'appelle , tandis que fon maître fe
défefpere fur le rivage : & n'oſe faire
pour conferver fon argent , ce que

l'autre hasarde volontiers , pour retrouver son indépendance. Aucun Casuiste n'a même mis en question si un chrétien est obligé dans ce cas de restituer au Musulman qu'il a trompé , le prix auquel il lui a été vendu.

L'Asiatique en achetant l'Européen, savoit à quel titre il étoit conduit au marché. Il n'ignoroit pas que celui-ci n'avoit donné aucun consentement à la vente de sa personne , & que le plus vif de ses desirs seroit toujours de la voir annullée. Le risque de sa fuite a même influé sur le prix de la vente. Avant que de donner ses sequins , il a combiné le danger de les perdre au bout d'un certain temps , par la soustraction de l'objet qu'il s'apprête à payer , avec le plaisir de s'en servir pendant ce temps , & l'avantage de retirer l'intérêt de sa somme.

C'est à lui d'ailleurs à veiller sur la proie qu'on lui livre : quand elle s'é-

chappe, c'est sa propre négligence
qu'il doit déplorer, & non la perver-
sité de l'étranger qui en profite. En
deux mots il faut bien attacher son
cheval, ou n'être pas surpris qu'il
gagne les forêts, quand il réussit à se
délier.

CHAPITRE XIV.

*Observation sur le principe développé
dans les chapitres précédents.*

LA force qui a fait un esclave est donc le seul moyen propre à le conserver: mais il n'est obligé de la respecter qu'autant qu'il ne sauroit s'y soustraire. C'est le degré de son impuissance qui doit être la mesure de sa soumission. On n'a droit de lui commander qu'autant qu'il ne sauroit se dispenser d'obéir, & la patente de son affranchissement est dans le succès avec lequel il se dérobe à la servitude. Cela est incontestable.

En rapprochant ce que je dis ici, de ce que j'ai avancé au commencement de cet ouvrage, des lecteurs inattentifs pourroient coire que j'établis

une parité entre l'esclavage paffager
dont il eft queftion dans ce livre , &
l'esclavage durable que j'ai confidéré
comme le fondement indeftructible
des fociétés. On pourroit s'imaginer
que je leur attribue les mêmes effets ,
comme je les vois partir du même
principe. Peut-être me reprocheroit-
on d'infinuer que le genre humain
n'eft pas plus lié par les établiffements
dûs à une violence primitive , que ne
l'eft le patron d'une barque d'Ali-
cante , pris à la hauteur de Malthe par
un renégat de Tripoli , & vendu à
Maroc pour en cultiver les jardins ,
ou pour en curer les égouts.

Ce reproche feroit bien indifcret.
Pour le prévenir il ne faut qu'examiner
la différence de ces effets qui réfultent
d'une même caufe. Il fuffit d'approfondir l'étendue de leur influence fur
la conftitution de la fociété.

La fubordination qui y a été intro

duite par force eſt attachée à ſa nature , & tient à ſon exiſtence. On ne peut déroger à l'une , ſans détruire l'autre. C'eſt le fer d'une lance qui eſt reſté dans la plaie. On ne ſauroit l'en arracher ſans ôter la vie au bleſſé. Quelque douloureux que ſoit ſon état, il ne lui eſt pas poſſible de s'en tirer ſans périr. Il faut qu'il traîne juſqu'à la fin de ſes jours ſa langueur , & le corps étranger qui l'entretient. L'habilité des chirurgiens conſiſte à lui procurer tout au plus des ſoulagements, en écartant avec ſoin une guériſon qui le conduiroit infailliblement à la mort.

Voilà pourquoi la propriété eſt devenue ſacrée , quoiqu'elle ſoit fondée originairement ſur une injuſtice. Voilà pourquoi les appuis que la politique lui a donnés ſont reſpectables comme elle, quoique participants tous au vice qui lui a procuré la naiſſance. C'eſt ce qui fait que le pauvre , exclus par le riche du partage dans l'hérédité commune , ne fauroit revendiquer des droits qu'il n'a pourtant pas confenti de perdre , mais dont la reftitution feroit encore plus dangereufe que la manœuvre inique par laquelle il en a été privé. C'eft d'après cette confidération que les légiflateurs font autorifés à prendre pour bafe de leurs réglemens une inégalité qui feule les rend néceffaires , & fans laquelle la fociété entiere tomberoit en pieces , par la diffolution de fon principe.

On fent donc que de leur part la ratification d'une premiere injuftice doit paroître légitime , parce qu'elle eft indifpenfable. Quiconque prétendroit s'y oppofer , deviendroit par cela feul un ennemi commun qu'ils feroient bien de pourfuivre , un criminel convaincu qu'ils auroient raifon de punir.

C'eſt un malheur pour ceux dont elle a anéanti les droits : mais il faut des pierres dans les fondements d'un vaſte édifice , pour en ſoutenir le comble , comme il en faut dans les ornements qui le couronnent. Les unes ſont enſevelies obſcurément dans le ſein de la terre , & ſupportent tout le fardeau : les autres ſans charge , ſans gêne , brillent avec ſplendeur au frontiſpice : elles dominent delà ſur tout le bâtiment, & en terminent majeſtueuſement la façade. On ne ſauroit tirer celles-là de l'oppreſſion , ſans renverſer celles-ci , & leur déplacement entraîneroit la ruine de toute la maſſe.

Cette diſtribution inégale ſe retrouve de même dans la ſociété. Il n'y a point d'efforts qui puiſſent en ſoulager la premiere aſſiſe. Elle eſt faite pour reſter éternellement écraſée par le poids de toutes les autres. C'eſt dans ſon immobilité que conſiſte l'ordre , l'harmonie générale. Pour peu qu'elle s'agite , & qu'elle se dérange de son aplomb , tout croule , tout se précipite. Mais elle ne gagne rien à la chûte même des assises supérieures qui l'incommodoient. Au contraire tous leurs débris retombent sur elle , & la surchargent. Elle se trouve encore plus accablée de ces décombres confusément entassées , qu'elle ne l'étoit du corps même de l'édifice , quand il s'élevoit avec grace , & que chaque partie aidoit à se soutenir elle-même , par la justesse de ses dimensions.

Ainsi la servitude , ou si l'on veut , la subordination sociale quoique gênante, quoique préjudiciable au plus grand nombre des membres de la société , est un joug légitime , qu'ils ne sauroient secouer. Elle est justifiée par son utilité , par sa nécessité : il seroit impossible au genre humain , s'il parvenoit à s'y dérober , de retourner à cette indépen-

dance pacifique , dont elle a anéanti
jusqu'à la plus légere idée. Il ne feroit
par cette révolte imprudente que s'expoſer à des nouveaux troubles : il
changeroit de tyrans , mais il ne re-
couvreroit pas ſa liberté.

Peut-être même cette mutation lui
produiroit-elle plus de maux qu'il n'en
auroit attendu de biens. Il feroit trompé
dans ſes eſpérances , comme des ſol-
dats qui ayant déferté ſur la promeſſe
d'une paye plus forte , & d'un traitement plus doux , ne trouvent ſouvent
dans le ſervice qu'ils ont préféré qu'une
économie plus rigide , & une diſci-
pline plus ſévere.

Mais on ne ſauroit en dire autant
de cet eſclavage particulier , qui n'in-
téreſſe en rien la ſociété générale.
Celui-ci n'eſt que la ſuite d'une de ſes
maladies , au lieu que l'autre en conſ-
titue la ſanté. Qu'importe au monde ,
qu'importe à la légiſlation , qu'un

provençal vendu à Alger s'échappe des bagnes du Dey, & revienne en Europe sans payer sa rançon ? Quel danger y auroit-il pour l'ordre social universel, quand tous les Négres de nos îles deviendroient Marons ; quand ils préféreroient, comme ceux des Berbyces, la compagnie des serpents qui les fuient, à celle des Européens qui les fouettent ; & le plaisir de manger des cannes sauvages, à la fatigue de presser celles qu'ils ont cultivées, & dont on ne leur permet pas même de goûter le sucre ?

La société, à toute force, auroit pu subsister sans guerre : elle subsiste même dans les pays où on ne fait pas les prisonniers de guerre esclaves. Les nations chez qui une politique plus éclairée qu'humaine les réduit à la servitude, ne peuvent pas dire qu'elles soient menacées de leur destruction, quand quelqu'un d'entre eux s'échappe. Ces

Ces malheureux en fuyant ne penſent point à la vengeance. Leur unique but eſt de s'éloigner avec rapidité du piége qu'ils ont eu le bonheur de rompre, l'harmonie univerſelle ne ſouffre pas plus de leur évaſion, que de celle d'un renard qui briſe un trébuchet où il s'eſt laiſſé prendre, & trompe l'avidité du chaſſeur qui ſe croyoit aſſuré de cette proie.

C'eſt donc avec raiſon qu'ils ſe remettent, dès qu'ils le peuvent, en poſſeſſion des droits qu'ils ont perdus. L'injuſtice qui les en a privés n'a en ſa faveur aucun des grands motifs dont je viens de parler à l'occaſion de l'autre. Elle dérive aſſez conſéquemment, il eſt vrai, de ſa cauſe, c'eſt-à dire, du droit de la guerre, une fois établi : mais cette cauſe n'eſt pas néceſſaire par elle même.

La ſociété pourroit bien n'en être que plus affermie, quand l'ambition n'y foudoiroit pas des meurtriers vêtus de bleu ou d'écarlate avec des revers, & coëffés d'un bonnet garni de poil, ou d'un chapeau bordé de fil blanc. Je crois bien qu'il eſt ſage, & même néceſſaire de faire des eſclaves, quand on a une fois arboré de pareilles enſeignes. Mais je ne crois pas qu'il y ait jamais ni ſageſſe, ni néceſſité à déguiſer deux cent mille hommes ſous ces parures auſſi bizarres par leur invention, que redoutables par les devoirs qu'elles impoſent.

On ſent donc la différence eſſentielle qui exiſte entre ces deux ſuites d'un même principe. C'eſt également la force qui a donné des maîtres au genre humain, & ſoumis toute la chiourme d'une galere Turque au ſiflet du Levanti qui la dirige. C'eſt à elle que ſont dues les magiſtratures qui gouvernent les hommes, & les bazars où on les vend. Mais les unes ſont auſſi respectables que les autres le font peu ; parce que les premieres sont d'une utilité universelle, & que les secondes ne se peuplent que pour des avantages particuliers ; parce que celles-là affermissent l'ordre, & que ceux-ci le troublent en sacrifiant la vie, la liberté d'un être né libre à la crainte juste d'un danger, qui ne vient elle-même que d'un caprice très-injuste, & très-sanguinaire.

Le tort que fait un esclave fugitif en se réhabilitant dans ses droits de citoyen est infiniment petit pour la nation dont il s'évade : le bien qu'il se fait à lui-même est infiniment grand, puisque la liberté est le plus précieux de tous, & que la précaution la plus adroite des institutions de la société, est d'en avoir laissé le nom & l'apparence aux établissements les plus faits pour la détruire. L'homme isolé qui la revendique quand il se trouve à portée de la reſſaiſir, s'acquitte de ſon devoir : il ſe trahiroit lui - même en l'abandonnant.

Si ſa fuite cauſe un vuide à l'endroit d'où il s'échappe, il va remplir celui qu'avoit cauſé ſon abſence dans le lieu où il eſt né. C'eſt un grain de ſable que le vent a tranſporté d'une dune ſur une autre, & qu'un vent contraire reſtitue à celle dont il avoit été enlevé. Ce changement eſt inſenſible : mais s'il vient un ouragan qui déplace & confonde les dunes tout entieres ; ſi le tourbillon pénétre juſqu'à leur baſe, & diſperſe au loin ces montagnes de ſable, le rivage à la vérité n'offrira plus qu'une ſurface unie, mais bien plus dangereuſe qu'elle ne l'étoit auparavant avec ſes inégalités. Ce ne ſera plus qu'un terrain mouvant, où les voyageurs ſeront engloutis, avant même que d'avoir prévu le danger.

Voilà l'emblême naturel de la ſociété. C'eſt un ouragan qui l'a formée : mais qui de nous voudroit courir les riſques du tourbillon qui remettroit les choſes dans leur premier état ? L'intérêt ou le vœu commun eſt qu'elles reſtent dans celui où elles ſe trouvent, & voilà d'où naît l'obligation de ne le pas changer. Il n'y a que quelques grains de ſable iſolés, à qui l'on peut permettre d'errer ſans conſéquence, & de ſe détacher de la dune à laquelle une violence récente ſembloit les avoir incorporés. Encore ne faut-il pas qu'ils ſe détachent tous à la fois. Ce ne ſeroit pas une injuſtice : mais ce pourroit être la cauſe d'une grande révolution.

Si tous les eſclaves de l'Aſie s'aſſembloient & prenoient les armes contre leurs maîtres, ils feroient bien ſans difficulté. Mais l'Aſie ſeroit ſaccagée, détruite, & ce ſeroit un mal. C'eſt à la police des Turcs, des Perſans, &c.

H iij

à prévenir ce danger dont beaucoup de peuples ont déjà éprouvé la réalité. C'est à elle à se servir d'une force qui existe, pour empêcher la naissance d'une force qui n'existe pas, & qui lui deviendroit bien funeste, si jamais elle parvenoit à se développer.

CHAPITRE XV.

De l'esclavage pour dettes.

LA nature ne fait point d'esclaves : mais j'ai prouvé que quand la force en a fait, les cris de la nature elle-même étoient impuissants pour arracher à la destinée des peres leur malheureuse postérité. J'ai démontré qu'il ne devoit plus leur être permis de devenir féconds que pour le profit de leur maître, & que la nécessité les obligeoit de sacrifier de leurs propres mains leurs enfants au despotisme domestique qui se les approprioit, comme un autre principe engageoit autrefois les Syriens à déposer les leurs entre les bras d'une idole ardente, où le feu les consumoit.

H iv

J'ai fait voir comment les ravages de la guerre étoient propres à fournir des recrues à ces troupes nombreuses de serfs deſtinés à une éternelle humiliation & à fournir par leur indigence les ſuperfluités voluptueuſes dont la richeſſe ſe gorge ſous leurs yeux. J'ai mis au jour non pas l'équité, mais le beſoin de cette opération cruelle, j'ai tâché de faire entendre comment malgré ſon injuſtice & ſa prodigieuſe inhumanité, elle produiſoit des eſpeces de devoirs dont la juſtice & la raiſon pouvoient calculer l'étendue.

Il eſt une autre maniere de faire des eſclaves, une troiſieme raiſon, pour motiver la ſervitude. C'eſt l'inſolvabilité d'un débiteur & la néceſſité de ſatisfaire un créancier. L'eſprit des inſtitutions ſociales, comme je l'ai prouvé inconteſtablement, eſt beaucoup moins la conſervation des perſonnes, que celle de la propriété des biens. C'est à cet objet qu'elles rapportent & sacrifient tout. La nature avoit prodigué sur la terre les richesses en tout genre, pour l'avantage général & commun des hommes. La société a restreint ce privilége. Elle a voulu que la plus grande partie d'entr'eux ne fût que l'instrument de la jouissance des autres. Elle les pese en se jouant dans une balance qui n'est assurément pas celle de la justice primitive : c'est d'après cette manœuvre qu'elle prononce sur leur valeur, & qu'elle se décide à les considérer comme la plus vile de ses possessions.

Delà il suit que ce n'est point sur la qualité d'homme qu'elle les juge, mais sur celle de propriétaires. Son estime pour eux se mesure à l'étendue de leur domaine. Quiconque n'a rien s'anéantit à ses yeux ; & si, loin d'avoir quelque chose à lui, il doit à d'autres le prix même des aliments qui ont prolongé sa vie, son anéantissement augmente en proportion de la somme qu'il a reçue. Son existence devient, pour ainsi dire, négative. Il ne tient plus à la société que par sa dette. Elle le laisseroit périr sans y faire seulement la moindre attention, si l'intérêt du créancier ne s'opposoit à sa mort.

Mais comme celui-ci perdroit tout par un événement qui éluderoit son titre, & détruiroit sa créance, la société lui permet de le prévenir, en se saisissant d'un gage qui l'assure : & le malheureux qu'il poursuit n'ayant d'autre gage à donner que lui-même, on autorise son persécuteur à s'approprier sa personne. On le déclare bien fondé à se dédommager par les services qu'il en tire, de la perte de son argent. On veut même qu'il puiſſe tranſmettre ſon droit à des étrangers , & que le pouvoir qu'il a acquis devienne un effet de commerce , par la vente duquel le débiteur ſoit forcé d'obéir à un maître à qui il n'a jamais rien dû.

C'eſt abuſer ſans doute bien cruellement de la propriété : c'eſt en pouſſer les conſéquences aux derniers excès. Mais ces conſéquences & ces abus ſont une ſuite inévitable de la ſociété. C'eſt la pouſſiere que fait voler un caroſſe en courant dans un chemin ſabloneux : elle n'incommode guere que les paſſants qui n'ont aucune part aux avantages de la voiture. Le vent qui la leur porte dans les yeux, en garantit ceux qui la font élever. De même la ſociété entraîne avec elle ces barbaries indiſpenſables qui ne deviennent funeſtes, qu'à ceux qui ſe reſſentent le moins de ſes douceurs. Elle n'eſt

point faite pour empêcher le pauvre
de perdre, puisqu'elle est toute fondée sur ses privations. Son unique objet est de conserver au riche ce qu'il
posséde, parce qu'elle n'a été formée
que dans cette vue.

Voilà pourquoi l'esclavage du débiteur insolvable est un de ses plus anciens établissements, & un des plus
universels. Par-tout on a supposé que
la dette produisoit en lui une espece
de métamorphose, qui, sans lui faire
perdre la figure humaine, lui ôtoit
toutes les prérogatives de l'humanité.
Sa vie, dont il ne doit la conservation qu'à des secours étrangers, est
censée ne lui plus appartenir, dès qu'il
ne sauroit les reconnoître. Son sang,
formé par des aliments dont le créancier a fourni le prix, ne paroît plus
aux législateurs qu'une portion des
biens de ce dernier. C'est dans cette

Idée qu'ils lui permettoient autrefois de le vendre ou de l'aſſervir pour ſon profit. Ils lui conféroient ſur le détenteur de ſon argent , un deſpotiſme auſſi entier que celui qu'ils lui avoient attribué ſur cet argent lui-même.

CHAPITRE XVI.

Que l'esclavage d'un débiteur insolvable a été généralement reçu. Barbarie terrible d'une loi Romaine à ce sujet.

CE réglement est un de ceux auxquels les loix de tous les peuples se sont le plus généralement conformées. Le climat n'influoit pas plus sur celui-là que sur tous les autres dont j'ai déjà parlé. Les Germains dans la fange (*a*) de leurs marais l'avoient adopté, comme les Athéniens au milieu des sables arides de l'Attique (b). Ce proverbe qu'il faut payer ses dettes avec de l'argent, ou avec sa liberté, *aut in ære, aut in cute*, est de toutes les

(a). Tacite *de Moribus Germanorum.*
(b) Plutarque, vie de Solon.

langues, & de tous les pays. Par
nous, comme je vais le dire, il fubfifte
encore dans toute fa force. Il fe vérifie
tous les jours malgré les prétendues
modifications que nos loix ont effayé
d'y apporter.

Le principe qui y a donné lieu,
avoit fi vivement frappé les rédacteurs
des douze tables chez les Romains,
que pour n'y point déroger, ils avoient
confacré dans leur recueil une opération auffi dégoûtante qu'inutile. Ils
avoient prévu la circonftance très ordinaire, où un feul débiteur auroit
plufieurs créanciers. Pour les fatisfaire tous dans les cas de l'infolvabilité,
ils avoient ordonné que fon corps
feroit coupé par piéces, & que
chacun des pourfuivants en auroit un
morceau proportionné à la quotité de
fa créance (a).

____

(a) Hiftoire de la jurifprudence Romaine,
vingt-feptieme loi de la troifieme table.

Cette loi fut promulguée avec toutes
les précautions nécessaires pour en
constater l'autenticité. C'est peut-être
une des plus terribles preuves qu'on
puisse trouver du délire que l'envie de
défendre les propriétés introduisit dans
la législation. Il n'est pas possible d'imaginer un effet plus palpable de cet
esprit de calcul matériel, qui n'appré-
cioit les hommes qu'en raison de
l'utilité dont ils pouvoient être aux
riches. Il est clair que les décemvirs
avoient, comme je viens de le dire,
assimilé ce corps qu'ils permettoient
de débiter par tranches, à une piéce
d'étoffe dont plusieurs particuliers auroient fourni les matériaux, & que la
justice distributive ne pouvoit se dispenser de diviser en coupons, pour
donner à chacun le sien.

Le fondement de cette étrange sup-
putation étoit que le débiteur n'avoit
plus conservé aucun droit sur lui-

même, dès l'inftant qu'il avoit commencé à fubfifter aux dépens d'autrui. Sa vie n'étant plus entretenue que par des portions de propriétés étrangeres, prenoit la nature des aliments qui la foutenoient. Ses membres devenoient le domaine des poffeffeurs du grain dont ils s'étoient approprié le fuc. Chacun pouvoit y reprendre ce qui fe trouvoit lui appartenir : & comme il étoit difficile de procéder à cette reconnoiffance avec une rigidité bien exacte ; comme il étoit d'ailleurs fort indifférent dans la pratique, que la jambe échût en partage à celui qui avoit nourri le bras, & le ventre à celui qui auroit pu revendiquer la tête ; la loi s'étoit contentée de permettre la diffection en général, fans s'inquiéter beaucoup de l'équité de la diftribution.

Elle avoit pourtant pouffé le fcrupule jufqu'à recommander la bonne

foi aux créanciers dans cette abominable opération. S'ils font mal-adroits,
s'ils coupent plus ou moins qu'il ne
leur eft dû , elle veut que ce foit
du moins fans envie de tromper : *fi
plus , minusve fecuerint , fine fraude
efto.*

Les commentateurs qui ont traduit
en rougiffant cette horrible production
de leurs idoles , ont tâché d'adoucir le
fens , & de fauver le ridicule affreux
que contient cette partie de la loi. Ils
ont rendu *fine fraude*, par le mot, *impunément*, de forte que, fuivant eux, les
douze tables difent feulement , que
les créanciers affemblés pour procéder
légalement à cette boucherie judiciai-
re , peuvent y couper leur morceau au
hafard fans crainte d'être punis.

Mais c'eft faire violence au texte,
que de l'interpréter ainfi. Il contient
évidemment un avis aux bourreaux
qu'il arme de couteaux facrés d'être

fidelles à la bonne foi , même dans l'exécution de cet outrage qu'il leur permet de faire à l'humanité : c'eſt pour eux une exhortation à s'arranger de façon que chacun des ſacrificateurs puiſſe avoir ſa part des entrailles de la victime qu'ils immolent à l'intérêt.

D'autres commentateurs ont eſſayé de juſtifier la totalité de cette ordonnance. Ils ont prétendu que c'étoit une ſimple allégorie , & qu'elle contenoit ſeulement une expreſſion figurée. Cette anatomie du débiteur n'eſt, diſent-ils , que la diviſion faite des deniers provenus de ſa vente , entre tous les créanciers. C'eſt une eſpece d'ordre où chacun eſt colloqué indiſtinctement , & non pas comme chez nous , à raiſon de l'ancienneté de ſon titre , mais pour exercer ſur la maſſe un droit proportionné à la valeur de ſa créance.

Il eſt difficile de penſer que dans

ces loix qui ne respirent que la simplicité la plus grossiere, les décemvirs
se soient avisés de parler en parabo-
les ; & quand on pourroit le croire,
il faudroit avouer que celle-là est un
peu forte. Elle auroit mérité une ex-
plication de la part même de ses auteurs : mais celle qu'on s'est avisé de
lui donner dans des temps forts éloi-
gnés , n'est admissible en aucune
maniere.

Quintilien (a) , & beaucoup d'autres
écrivains anciens ont pris le texte de
cette loi dans son sens naturel. On
voit dans Aulugelle (b) un philosophe
qui la réprouve, & un jurisconsulte
qui la justifie : ni l'un ni l'autre n'y
soupçonnent la moindre allégorie.
Tertullien même qui la cite (c), la donne

____

(a) *Instit. Orat.* liv. 13 , chap. 6.
(b) *Noct. art.* liv. 20 , chap. 1.
(c) *Apologet.* chap. 4.

comme une preuve de l'imperfection des loix Romaines, ce qu'il n'auroit pas fait, si la barbarie qu'il lui reproche n'avoit confisté que dans les mots.

D'ailleurs elle s'explique elle-même affez clairement, pour qu'il ne soit pas possible de se méprendre à l'intention de ses auteurs. *S'il y a plusieurs créanciers*, dit-elle, *qu'ils coupent en morceaux le débiteur. S'ils coupent plus ou moins, que ce soit sans supercherie. S'ils le veulent qu'ils le vendent au-delà du Tibre (a).*

Ce texte, comme on le voit, renferme trois phrases. Si la premiere n'étoit qu'une figure, on n'auroit pas eu besoin de la troisieme. L'une alors

______

(a) *At si plures erunt rei, tertiis nundinis partes secanto. Si plus, minusve secuerint sine fraude esto. Si vo ent ultra Tiberi peregre venumdanto.* Hiftoire de la jurisprudence Romaine.

ne feroit qu'une répétition de l'autre. Dès que ce n'eſt que dans le cas où la vente ſera du goût des créanciers qu'on leur indique le lieu où elle doit ſe faire, il n'étoit pas beſoin d'employer deux articles à dire la même choſe. Mais ceux dont il eſt ici queſtion laiſſent la préférence : chacun a donc ſon ſens diſtinct : & celui qui dit, coupez le débiteur en morceaux, ſignifie autre choſe que celui qui porte, vendez-le ſi vous voulez.

Sur quoi tomberoit d'ailleurs l'obſervation judicieuſe contenue dans le ſecond des trois, s'il n'y avoit aucune différence entre les deux autres? Pourquoi dire que ſi l'on vient à couper plus ou moins, il faut que ce ſoit ſans fraude ? Une répartition d'eſpeces n'auroit pas été ſujette à de pareilles erreurs. Ce n'eſt point avec le couteau qu'on auroit pu y procéder. Il eſt clair que le légiſlateur parle là d'une difsection bien effective. Il est évident qu'il redoutoit seulement la maladresse de ces bouchers peu exercés ; quand, en leur livrant l'objet sur lequel ils devoient en faire l'essai, il leur recommande de n'y pas joindre de la mauvaise foi, on ne sauroit supposer qu'il ait eu en vue une distribution pécuniaire , où l'adresse ne seroit entrée pour rien , & qui auroit été naturellement réglée par la quotité du titre.

Il y a plus : si c'est bien là le texte de cette loi , s'il a été conservé sans altération , on pourroit tirer du dernier article un sens bien plus horrible encore que celui qu'on lui donne le plus généralement. Ce n'est pas le débiteur vivant qu'il autoriseroit à mettre en vente : ce seroient ses membres découpés : c'est de sa chair proprement débitée qu'on permettroit à ses créanciers de tenir boutique ou-

verte au-delà du Tibre pour les dédommager.

La permiſſion de vendre ne venant
qu'après celle de couper , l'ordre de
diſtribuer les morceaux avec le plus
d'égalité qu'il ſeroit poſſible , précé-
dant l'indication du marché où il ſeroit libre de les expoſer à la curioſité
des acheteurs , on pourroit en conclure
qu'il y avoit ſur le bord du Tibre ,
comme on le dit de la côte-d'or , & de
quelques autres endroits de la Guinée ,
un emplacement conſacré au débit de
cette étrange eſpece de denrée , ſans
quoi il auroit été aſſez inutile d'en
faire ſi ſcrupuleuſement le partage.

Pour adopter cette interprétation ,
il faudroit , il eſt vrai , ſuppoſer que
les Romains de ce temps-là avoient
un peu de goût pour la chair humaine.
Il faudroit croire du moins que ceux
d'entr'eux qui faiſoient profeſſion de
prêter à uſure , y mettoient volontiers
l'enchere

l'enchere pour indemnifer leurs confreres , & pour donner un exemple
inftructif aux débiteurs mal intention-
nés. Cette idée n'eft pas honnorable
pour Rome : mais enfin elle ne répugne pas fi fort qu'on le diroit d'a-
bord à celle que nous en donne l'hiftoire.

Cette ville regorgeoit des plus impitoyables ufuriers qui aient jamais
défolé l'univers. Les citoyens riches
n'y connoiffent guere que cette efpece de commerce lucratif. Il ne feroit peut-être pas fi extraordinaire de
penfer que pour de pareils hommes ,
un morceau du corps d'un débiteur
infolvable , étoit un mets délicat , &
qu'ils fe faifoient un plaifir flatteur de
manger après fa mort , un malheureux
dont ils avoient fans pitié fucé le fang
pendant fa vie.

Ceci n'eft qu'une conjecture , je l'a-
voue : mais enfin combien en a-t-on

hafardées, combien en hafarde-t-on tous les jours fur l'antiquité, qui ne font ni fi naturelles, ni fi bien fondées? Voilà le texte précis d'une loi qui l'autorife. Si j'avois l'honneur d'être favant ou commentateur, avec un peu d'érudition j'en ferois aifément éclore un fyftême qui auroit toute l'apparence de la vérité : mais comme je ne fuis ni l'un ni l'autre , j'abandonne fans regret cette découverte. Elle eft trop honteufe au genre humain , pour que je fonge à la vérifier.

Je me contenterai d'une réflexion : quelque fens qu'on donne à la loi des douze tables , elle réunit toujours le comble du ridicule & celui de l'atrocité. De pareils légiflateurs ne femblent pas faits pour occuper un rang bien éclatant dàns la mémoire des hommes , & parmi les lumieres de la jurifprudence.

N'eft-il pas fingulier cependant

que leurs réglements foient la bafe d'une compilation qui a plus de pouvoir parmi nous, que les ordonnances les plus authentiques de nos rois ? N'a-t-on pas le droit d'être indigné, quand on entend à tout coup les jurifconfultes rappeler les décifions de ces bouchers d'un petit village, fitué fur le bord d'une petite riviere d'Italie ? N'eft-on pas autorifé à rire fans fcrupule, quand on voit les commentateurs fe tuer à expliquer gravement, ou à vanter avec enthoufiafme celles que nous avons, & à déplorer avec amertume la perte de celles que nous n'avons pas ?

Il a fallu un travail inconcevable pour ramaffer dans tous les auteurs de l'antiquité les fragments qui nous en reftent. Il faut louer la patience des efprits laborieux qui s'y font dévoués & non pas leur goût. Il feroit fans exemple s'il n'avoit été renouvelé par

la rédaction de nos coutumes, & ensuite par les commentaires faits sur
ces compilations informes qui ont
pourtant le mérite de n'être jamais
aussi barbares que les douze tables,
quoiqu'elles soient bien quelquefois
aussi absurdes.

CHAPITRE XVII.

Que l'esclavage prononcé contre l'insolvabilité avoit ses avantages politiques.

C'Est aux législateurs de Rome qu'étoit reservée cette inhumaine extravagance. Par-tout ailleurs, & sur-tout en Asie, l'esprit de propriété, quoiqu'en agissant par les mêmes principes, se montra plus modéré. Son délire ne fut pas si furieux. Il obligea le débiteur à se libérer aux dépens de sa personne, quand il ne le pouvoit pas autrement : mais ce fut de son travail, & non de sa chair, qu'il permit aux créanciers de tirer parti. Ce fut à leur utilité réelle qu'il le sacrifia, & non à une vengeance aussi épouvantable qu'infructueuse.

Ce procédé paroît cruel même avec
fa modification. On ne fe familiarife
point avec cette idée d'une fervitude
durable attachée à l'impoffibilité de
reftituer le montant d'un foulagement
paffager.

On fe fent d'autant plus révolté
contre cette décifion, qu'elle tombe
précifément fur ceux d'entre les hommes, qui ont pu le moins fe défendre de l'efpece de faute qu'elle punit.
On gémit fur le fort d'un malheureux
condamné à expier par un fi long
fupplice le court relâche qu'il a obtenu
au milieu de fes maux. On fe fent
ému de compaffion, quand on voit
le fecours qui a fufpendu un inftant
fa mifere, devenir pour lui la fource
d'une infortune encore plus confidérable, comme ces digues trop baffes,
qui faifant gonfler un fleuve débordé,
fans pouvoir l'arrêter, ne fervent
qu'à rendre plus certaine la perte

des villages voisins , qu'elles ont paru défendre , pendant quelques minutes.

Ces réflexions sont justes & vraies : mais on ne peut les approuver que dans la spéculation. Elles ne sont point faites pour arrêter les législateurs. Ce sont les vues générales qui doivent seules attirer toute leur attention. Les incidents particuliers ne sont pas faits pour eux.

Si , dans la société une fois établie , une indigence avérée étoit la seule occasion des emprunts , & une impuissance involontaire le seul obstacle au paiement , la loi qui la puniroit de l'esclavage seroit une loi affreuse ; elle mériteroit d'être proscrite par les suffrages de tout le genre humain. Mais il y a tant d'autres raisons qui contribuent à rendre insolvable un emprunteur hardi : la débauche , l'inconduite , la négligence , la paresse ,

ont tant d'influence fur la fituation où
fe trouvent des débiteurs dépourvus
de toute efpece de reffources ; l'infolvabilité , fi une fois elle étoit reçue
comme une excufe légitime , deviendroit une défaite fi générale , que les
anciens légiflateurs fe font vus con-
traints de la profcrire rigoureufement,
pour en prévenir les abus. De peur
que tout le monde ne s'en prévalût,
ils ne l'ont laiffée à perfonne.

Ils ont bien fenti qu'il y auroit quelquefois des débiteurs qui deviendroient infolvables très-innocemment.
Mais les exceptions ne devoient pas
entrer dans leur plan ; & quoique la
condamnation qu'ils prononçoient pût
de temps en temps fe trouver injufte ,
on ne fauroit la leur reprocher , puifque dans le plus grand nombre des
circonftances elle ne l'étoit pas.

Leur but principal étoit & devoit
être de conferver à chacun fes biens :

jus suum cuique tribuere. Le pauvre n'ayant plus de biens , & ayant hypothequé fa perfonne pour fùreté de celui des autres qu'il avoit confommé, la loi ne pouvoit le protéger contre fes créanciers. Ils fe trouvoient alors feuls propriétaires , & feuls par conféquent en droit de revendiquer fon fecours.

Elle étoit obligée de leur livrer le gage fur lequel ils avoient confenti à rifquer leur argent : ce gage étoit la perfonne de l'emprunteur , puifqu'il n'avoit plus à lui dans le monde , rien qu'il pût y fubftituer. Ses cris étoient donc inutiles quand on l'enlevoit pour le livrer à l'efclavage. Le légiflateur repouffoit à regret la pitié qui follicitoit pour lui. Il prêtoit en foupirant main-forte au créancier qui le faififfoit, & fe bouchoit avec raifon les oreilles, de peur d'être fenfible aux gémiffements de cet infortuné.

I v

Une autre conduite seroit devenue presque aussi funeste au pauvre lui-même qu'au riche. Celui-ci étoit le dépositaire exclusif de tous les biens : il avoit droit d'enclorre ses possessions d'une haie impénétrable. Il ne pouvoit être amené à en faire part dans de certains instants aux malheureux que desséchoit l'indigence, que par la certitude de la restitution. Sans ce motif son voisin près de périr d'inanition, n'auroit trouvé en lui qu'une dureté inflexible, à moins qu'il n'eût eu, ce qui est plus difficile à croire, un libéralité bien généreuse.

C'est l'aumône qu'il auroit faite, en assistant une famille languissante, & non pas une avance; or comme il n'est pas si aisé de se résoudre à donner qu'à prêter ; comme les bourses les plus pleines, sont précisément celles dont les cordons se serrent avec plus de facilité, & ont le plus de peine à s'ouvrir; pour les y déterminer, il falloit leur montrer quelque sûreté pour le recouvrement : & sur quoi l'appuyer cette sûreté, sinon sur la permission de s'approprier la personne, l'existence même du débiteur, en cas que toute autre ressource lui manquât dans le temps fixé ?

Comment, sans cette perspective, tranquillifer l'opulence, toujours inquiette sur le sort de ses especes, dès qu'elle les a perdus de vue ? La loi se ménageoit un moyen de la rendre un peu plus sensible à la compassion, en diminuant les risques qu'elle couroit à s'y livrer. Elle préparoit réellement des secours au pauvre, en paroissant fournir contre lui une arme redoutable. Les suites, il est vrai, pouvoient en devenir ameres pour lui : mais sans cela, il ne les auroit pas obtenus : le danger même auquel il s'exposoit en les acceptant, étoit la

I vj

feule raifon qui empêchât de les lui refufer.

Cela eft dur fans doute, cela eft affreux. Il feroit bien plus noble que les cœurs & les bourfes s'ouvriffent à l'afpect de l'infortune. Il feroit plus beau que la main du riche allât femer l'argent dans la chaumiere du pauvre, & qu'elle confentît à n'en point retirer d'autre dédommagement que les bénédictions qui fuivroient fon bienfait. Ces fpéculations, ces préceptes font admirables dans la théorie. Mais faut-il y faire quelque fond dans la pratique? hélas! non.

Du moment que l'efprit de propriété a commencé à s'emparer des ames, il les a retrécies, matérialifées, pour ainfi dire. Il les a fermées prefque à tout autre motif qu'à l'intérêt. Ce n'eft que par lui qu'il eft poffible de les mouvoir. Ce n'eft qu'en les raffurant contre la perte des objets auxquels il les attache si fortement , qu'on peut les engager à les communiquer, comme on ne tire de la main d'un enfant les bagatelles qui l'amusent , qu'en promettant de les lui rendre. Sont ce les législateurs qu'il faut accuser de cette défiance , & de l'insensibilité qu'elle produit , & des précautions cruelles qui en résultent ? Non sans doute. C'est la société elle - même dont la constitution nécessite tous ces inconvénients.

Un philosphe célébre (Platon) prétend , quelque part , qu'il n'y a d'état heureux que celui où le tien & le mien est inconnu. Cela peut être vrai : mais ce qui est plus vrai encore , c'est qu'un pareil état , est une chimere en politique. C'est un être de raison parmi les hommes.

Dès qu'on ôtera la propriété , quel est le lien qui pourra les unir ? Et dès qu'on la conserve , comment éluder la nécessité de distinguer les possessions ? Comment par conséquent échapper aux funestes influences que répandent sur ce globe ces mots terribles, le tien, le mien ? Comment refuser à l'opulence toutes les barrieres dont elle a besoin pour se garantir des attaques de la pauvreté ? Comment répondre aux poursuites d'un créancier qui représente son titre, autrement qu'en lui livrant la personne même de l'emprunteur infidelle, quel que soit le motif de son infidélité ?

CHAPITRE XVIII.

Que notre contrainte par corps répond à l'esclavage pour cause d'insolvabilité.

IL faut donc mettre à part l'humanité dans toutes les occasions où l'esprit de propriété peut se trouver en conflit avec elle. Dans les combats qui s'élevent entre ces deux athlétes, c'est toujours au dernier que la législation doit adjuger la victoire : quand elle prononce en sa faveur, il faut qu'elle le fasse ouvertement, sans restriction, d'une maniere qui n'admette ni les dérogeances, ni les délais. C'est dans ces sortes de cas que la rigueur devient salutaire, & l'inflexibilité louable.

Si le législateur balance, s'il paro î

timide, il peut être sûr de n'être jamais
obéi. Il vaudroit encore mieux laisser
la querelle indécise que de la décider
avec mollesse Les tempéraments font
toujours déplacés dans un arrêt : ils
nuisent à la partie qui gagne , sans
tourner au profit de celle qui perd. Ils
les mécontentent toutes deux , & ne
font qu'ouvrir une nouvelle source de
contestations.

N'est-ce pas ce que l'on peut reprocher à nos loix modernes sur l'objet dont il est ici question ? Elles ont
fait supprimer parmi nous l'esclavage
dans tous les sens. Il est défendu à
tous les blancs de mettre un blanc à
la chaîne pour leur profit. Il leur est
bien permis d'acheter & de vendre
des Noirs qui ne leur doivent rien ;
mais la couleur olivâtre ou cendrée
de la peau , est pour ceux qui ont le
bonheur d'en être doués , un Talisman
qui les préserve , même quand ils ont

des dettes, du péril d'être compris dans ce commerce. Ce seroit une atrocité abominable que d'expofer en vente fur un marché, un être qui a des cheveux, & qui porte un chapeau. Mais s'il a la tête couverte de laine, & la membrane réticulaire d'un brun foncé, on peut l'y traîner fans fcrupule. C'eft une brute née inconteftablement pour l'état auquel on le livre, & la confcience des marchands qui trafiquent des animaux de cette efpece, jouit de la plus parfaite fécurité.

Avec tant de délicateffe, avec un refpect fi admirable pour les droits de de l'humanité, on fe doute bien que nous n'aurions pu fupporter l'idée de dévouer nos freres à la fervitude pour un vil intérêt. Des Européens s'évanouiroient fi on leur propofoit de s'indemnifer d'une mauvaife dette, en mettant le débiteur à la charrue. Ils tomberoient en fincope fi on leur conseilloit de l'obliger à éteindre par un travail forcé, mais utile, des créances dont il ne sauroit se dégager autrement.

Cependant les Européens estiment leur argent au moins autant que les Asiatiques, & que tout autre peuple de l'univers. Quand ils en ont prêté, ils sont très-curieux de le ravoir aussi-bien que les autres. La propriété n'est chez eux ni moins jalouse, ni moins avare, ni moins impérieuse. Il a donc fallu d'une part que les loix se prêtassent à cet esprit d'intérêt qui anime & nourrit la société depuis le Zuyderzée jusqu'à la Méditerrannée, & depuis les colonnes d'Hercule jusqu'au Danube : il a fallu de l'autre qu'elles se gardassent bien de manquer aux égards scrupuleux qu'ont les peuples de cette belle partie du monde pour l'humanité. Elles ont cherché un moyen propre à concilier ces deux sentiments,

& voici celui qu'elles ont trouvé.

Elles ont défendu au créancier de s'approprier la perfonne de fon débiteur : mais elles lui ont permis de la féqueftrer, de la mettre en dépôt dans des lieux confacrés à cet ufage. Elles n'ont pas voulu qu'il lui donnât pour prifon fon propre logis, où il auroit pu le nourrir & le garder fans frais, où il auroit appliqué avantageufement fon adreffe ou fa force à des travaux pénibles & lucratifs, qui auroient fait le profit de tous deux.

Si elles ont autorifé l'un à priver l'autre de fa liberté, ce n'eft pas pour que cette privation lui devînt lucrative, & qu'elle pût compenfer fa perte : au contraire, elles ont établi que la détention du débiteur feroit le terme des droits du créancier, & que ce feroit à la vigilance d'un étranger que l'on conféreroit le foin de prévenir fon évafion. Elles ont réglé que celui à la requête de qui il auroit été arrêté, seroit tenu de lui fournir des aliments : car il seroit horrible de laisser un homme manquer de nourriture, après lui avoir ôté le moyen d'en chercher. Elles ont ordonné que celui-ci traîneroit le reste de ses jours dans les fers, qu'il resteroit éternellement séparé de sa famille, de ses connoissances, inutile à lui-même & à la société, livré au tourment de l'ennui, au supplice de l'oisiveté, consumé peu à peu par la misere & par le désespoir, appelant à chaque instant de sa vie la mort à son secours, & emportant enfin dans le tombeau le regret de ne s'être pas acquitté, avec la honte de mourir insolvable.

L'opération dont tous ces malheurs font la suite, est ce que nous appelons *contrainte par corps, emprisonnement pour dettes*. Il y a eu des écrivains assez inconsidérés pour nous féliciter de cet adouciſſement prétendu dans nos uſages. Ils ont cru y trouver une preuve évidente de la perfection des mœurs, & des progrès de la lé-giſlation. Ils auroient tenu un langage bien différent, s'ils avoient pris la peine de réfléchir à ce qu'ils diſoient. Ils auroient vu que nos loix à ce ſujet ſont à peu près auſſi barbares que cel-les qui puniſſent l'inſolvabilité par la ſervitude, & qu'elles ſont bien plus inconſéquentes.

CHAPITRE XIX.

Danger de l'emprisonnement pour dettes relativement au débiteur.

AU fond quand un débiteur sans ressources est saisi chez nous par des sergents, en vertu d'une sentence, dont on lui a caché la signification (*a*) que gagne-t-il à n'être pas vendu com-

---

(a) C'est ce que les huissiers appellent *souffler* un exploit, &c. C'est un escamotage dont ils s'applaudissent comme d'un des meilleurs tours de leur métier. Les sentences de prise de corps ne sont pas les seules occasions où ils en fassent usage : mais ce sont celles où il est le plus utile. Il est étonnant qu'un abus aussi public, aussi commun, soit aussi impuni. Il semble qu'il mériteroit bien l'attention des chefs de la justice. Je sais que son administration est remplie d'abus nécessaire: mais pour rendre un peu plus supportables ceux qu'on ne sauroit réformer, ne faudroit il pas supprimer ceux dont la correction est facile?

me efclave ? Quel avantage y a-t-il pour lui à n'être que conftitué prifonnier ? Eft-il bien vrai que fon fort en foit plus doux ? Eft-il plus agréable de fe voir condamné à augmenter le nombre des infortunés qui gémiffent dans l'obfcurité infecte d'un cachot, que de refter fur la terre parmi les hommes laborieux qui refpirent un air libre & pur, & qui gagnent du moins des droits à leur fubfiftance par l'emploi pénible qu'ils font de leurs bras ?

Il n'eft point expofé à la mauvaife humeur de fon créancier ! Mais il eft confiné dans l'enceinte étroite, mal-propre d'une prifon. Il y couche également fur la paille. Il eft de plus dévoré par la vermine. Il y contracte des maladies. Il y eft plus mal nourri, plus mal vêtu, plus mal foigné. Il n'eft pas contraint à épuifer fes forces par un travail accablant. Mais il eft réduit à une oifiveté non moins accablante.

Le repos fait partie du bonheur de la
liberté, parce qu'il est volontaire :
mais une des plus grandes horreurs
de la captivité, c'est l'inaction, parce
qu'elle est forcée.

De plus un tel prisonnier partage
la honte du crime. Il est associé à l'op-
probre qui n'est dû qu'aux forfaits. Il
vit parmi des scélérats que le remords
déchire, & que l'attente du supplice
effraye, ou qui n'en font que plus
dangereux s'ils. envisagent de sang-
froid l'avenir & le passé. Tous les jours
on enleve quelques-uns de ses compa-
gnons pour les livrer à la peine qu'ils
ont bravée : il les voit remplacés par
d'autres malfaiteurs réservés au même
sort. S'il lui reste le moindre sentiment d'honneur, quel doit être son
état, au milieu de cet horrible assem-
blage ? A qui peut-il parler, sans que
l'idée du gibet vienne se présenter entre deux, & fasse expirer la parole.

sur

fur fes levres ? De qui peut - il s'ap-
procher fans que l'image de la roue
glace fon imagination & fon cœur ?

Il peut fe trouver des innocents
parmi ce ramas confus de miférables
plongés comme lui dans l'ignominie :
mais ce feroit faire affront à la juftice , que de foupçonner qu'ils y puiffent
refter long-temps ; & d'ailleurs , à quoi
les reconnoître ? A qui fe fiera- t il
quand fon cœur gonflé de foupirs ,
preffé par l'infortune , cherchera la
fatisfaction fi douce de s'épancher
dans celui d'un autre ? Peut-il entamer
une converfation fans trembler à tout
moment qu'elle ne foit interrompue
par l'arrivée du bourreau qui vient arracher de fes bras fon nouveau confi-
dent , & quê fon amitié naiffante n'expire avec lui fur l'échafaud où il va
terminer fa vie ?

Il y a plus : dans cet affreux féjour
fon ame court encore plus de danger

que son corps. Sa probité y est plus
exposée que sa santé. Il n'étoit que
malheureux en y entrant : il seroit
très - possible qu'il en sortît coupable.
On n'y respire pour ainsi dire que l'o-
deur du crime. Un atmosphère épais
y concentre ces détestables exhalai-
sons, & qui sait jusqu'à quel point elles
peuvent agir sur les esprits, & dénaturer les penchants ? Qui sait si l'infortuné à qui vous faites une nécessité
de les recevoir par tous ses pores,
pourra résister à leur malignité ; si à
force de croupir dans l'infamie, il ne
se familiarisera point avec les actions
qui la causent : qui peut assurer que la
mélancolie, l'ennui, l'entretien des scélérats auxquels il ne se soustraira pas
toujours, la vengeance même dont la
solitude & l'oisiveté lui laisseront le
temps de s'occuper, ne causeront pas
en lui la plus funeste des métamor-
phoses ?

Ses oreilles pendant sa détention n'auront été frappées que de récits de supplices. Mais c'est précisément à cause de cela qu'il les redoutera moins. On se fait à tout à force d'en entendre parler. La scélératesse elle-même a son enthousiasme qui se communique tôt ou tard. Elle fait des prosélites comme la vertu : & l'effroi n'est plus un frein capable d'arrêter les cœurs qu'elle échauffe, parce qu'elle a aussi son héroïsme. Que deviendra cependant votre prisonnier s'il est atteint dans son cachot de ce mal contagieux ?

Supposons qu'en ce moment un hasard heureux lui ouvre les portes de sa prison : que la patience du créancier s'épuise, ou que son ressentiment se lasse, qu'arrivera-t-il ? La personne que vous avez arrêtée pour lui complaire, est-elle la même que celle que

vous lâchez quand il le permet ? Il s'en
faut bien.

L'une étoit un citoyen paisible :
l'autre va devenir un scélérat furieux.
Vous avez enlevé à la société un honnête homme indigent : vous lui rendez
un coupable à qui rien ne coûtera pour
parvenir à l'opulence , ou pour la dépouiller : il rougissoit auparavant de
sa dette ; aujourd'hui le crime même
ne l'intimide plus. Vous le verrez
peut-être un jour revenir à cette prison où il a appris à le commettre ,
chargé de fers mieux mérités , & près
de payer à l'instruction publique une
autre dette bien plus terrible que celle
qui l'a initié aux mysteres d'une si
cruelle école.

Quand votre prétendue modération
n'auroit pas pour lui des suites si dé-
plorables , quand elle ne le conduiroit qu'à languir & à mourir dans un
cachot, examinez si vous avez bien

lieu de vous en applaudir. Voyez ce qui réfulte de ce mélange de rigueur & d'indulgence. Appréciez le fruit qu'aura produit cet accord bizarre des droits de l'intérêt, avec les égards dûs à l'humanité, & vous ferez bien convaincu que par cette conciliation imprudente, vous les avez compromis tous également.

D'après ce que je viens de dire, il eft clair que vous n'avez pas fait le bien du débiteur : cherchons fi vous avez opéré du moins celui du créancier. Votre procédé feroit moins blâmable, fi le premier en fouffroit feul. Il eft criminel à vos yeux, dès qu'il a le malheur de ne pouvoir remplir fes engagements : vous ne lui devez que de la févérité. Quand la bonté que vous vouliez lui marquer produiroit un effet tout contraire, il vous eft permis de n'en fentir que de légers remords, pourvu que cet effet n'en-

veloppe que lui : mais il s'étend jufqu'au propriétaire qui lui a confié fon
argent, & qu'au lieu de faciliter à
celui-ci le moyen de le recouvrer,
il ne faffe que le confirmer dans la
certitude de le perdre, convenez que
vous avez entiérement manqué votre
but, & que votre légiflation eft très-
imparfaite fur cet article, pour ne pas
défigner fon défaut par un nom plus
fort.

CHAPITRE XX.

Inconvénients de l'emprifonnement pour dettes, relativement au créancier.

UN créancier qui ufe envers fon débiteur du droit rigoureux de le faire arrêter, jouit inconteftablement du plaifir de fe venger. Il le livre à un fupplice lent qui le dévore peu-à-peu, & lui laiffe le temps de bien fentir toute l'étendue de la douleur. Mais luï en revient-il quelqu'autre fatisfaction que celle de voir les loix elles-mêmes fe rendre complices de fa cruauté? C'eft de quoi je doute très-fort. N'at-il pas lieu de fe repentir bientôt de leur complaifance, & de gémir des expédients qu'elles lui ont fournis? C'eft ce qui eft affurément plus que probable.

K iv

On peut obferver d'abord que les
fecours qu'elles lui procurent ne font
pas gratuits : elles fe font payer pour
fervir fon reffentiment. Ce n'eft qu'à
prix d'argent qu'elles lui vendent le
parchemin deftiné à le légitimer. Il
en faut au procureur qui le follicite ,
& au greffier qui l'expédie : il en
faut au fergent qui le mettra à exécution , aux records qui partageront
le bénéfice & la honte de la *capture*.
Il en faut au Cerbere du gouffre où
l'on précipite le malheureux qu'ils ont
faifi. Ces portes terribles ne s'ouvrent
qu'au fon de l'or , & l'écrou ne fe
réalife qu'en confignant la taxe mife
fur cette opération.

Tous ces frais font confidérables.
Ils devroient naturellement regarder
le débiteur : mais comme le traitement même qu'il éprouve fait affez
voir qu'il n'eft pas riche , & que la
Juftice ne veut rien perdre , c'eft au

créancier qu'elle a judicieusement im-
posé la nécessité d'en faire l'avance.
Ainsi une premiere perte est pour lui
une occasion de s'exposer à une seconde. Ce n'est qu'en dépensant de
l'argent qu'il peut répéter celui qu'on
lui enleve : & ce qu'il lui en coûte
pour rendre son ennemi très à plaindre, monte souvent plus haut, que
ce qu'il faudroit pour le secourir , &
pour relever sa fortune.

Ce n'est pas tout. Le gouvernement
nourrit les prisonniers qu'il fait lui-
même : il les réserve pour donner
l'exemple des châtiments dûs aux crimes. Il entretient leur vie pour les
mettre en état de recevoir la mort ,
quand il le jugera à propos. Mais ceux
qu'il sacrifie à la vengeance d'un particulier ne le regardent pas. Ce n'est
point à lui à se charger du soin de
leur fournir des aliments : il prête des
murailles & des verroux qui ne lui

coûtent rien. Il refuſe des ſecours qui lui deviendroient diſpendieux. Il les accorde aux captifs de la politique, & non pas à ceux de l'intérêt.

On ne veut pourtant pas les laiſſer périr de faim dans le cachot où ils ont déjà tant de maux à combattre. C'eſt encore la vengeance du créancier qu'on met à contribution pour cet ob-jet. C'eſt elle qu'on oblige de porter du pain au miſérable qu'elle opprime ; je ſais que les apprêts d'un repas ſervi par elle ne ſont point délicats ; l'a-varice y préſide en grondant ; c'eſt elle qui paîtrit ce pain d'amertume : ces deux furies ont ſoin de l'imbiber de fiel avant que de le jeter à leur victi-me, qui le reçoit ſans autre remer-ciment que ſes ſoupirs, & qui le man-ge ſans autre aſſaiſonnement que ſes larmes.

Toute légere qu'eſt cette dépenſe, c'en eſt une cependant. L'impoſſibi-

lité de la recouvrer, ainsi que toutes
les autres avances qui l'ont précédée,
augmente dans la même proportion
que la nécessité de les faire. On les
joint, dira-t-on, à la masse principale.
Oui : mais celui qui est accablé par
ce seul fardeau supportera-t-il les ad-
ditions que vous y faites ? Il ne pouvoit acquitter sa dette quand elle étoit
simple, comment la paiera-t-il quand
elle est doublée ?

Vous voulez être payé, & il semble
que vous vous attachiez à tous les
moyens qui peuvent empêcher le
paiement. Votre ennemi est insolvable : il vous échapperoit, si vous ne
vous hâtiez de vous assurer de lui !
Mais que vous importe cette assurance,
puisqu'elle anéantit votre droit bien
plus qu'elle ne l'affermit ? Pourquoi
vous alarmer de la liberté de votre
débiteur, puisque sa captivité vous
est infructueuse ? Songez - vous que

l'inaction forcée à laquelle vous le ré-
duisez est un obstacle invincible à sa
libération ?

Il n'a plus d'autres biens que ses
bras, & vous lui en ôtez l'usage : vous
n'avez d'autre gage, d'autre hypo-
théque pour la solidité de votre titre,
que sa vie, & vous le plongez dans un
air corrompu qui le tuera tôt ou tard.
Y a-t-il une preuve plus sensible de
la vérité de cet ancien apophtegme,
qui dit que la vengeance est une mauvaise conseillere ? Quand vous auriez
juré de vous nuire à vous même, pour-
riez vous choisir des moyens plus propres à produire cet effet ? Vous êtes
puni du mal que vous causez. Votre
ressentiment vous épuise, sans vous
servir. Il vous ôte de l'argent au lieu
de vous en rendre.

Vous êtes vengé, je l'avoue. Mais
quel triste dédommagement que celui-
là ! Sied-il à des barbares capables d'y

attacher quelque prix, de s'ériger en panégyriſtes de l'humanité? Si c'eſt par reſpeſt pour elle que vous ne faites pas vos débiteurs eſclaves, ceſſez donc de les conſtituer priſonniers : ou ſi vous voulez abſolument qu'ils ſoient captifs, ne rougiſſez point de vous en faire vous-mêmes les geoliers. Ne Ne ſoyez point inhumains ni compatiſſants à demi, puiſque la compaſſion modifiée eſt auſſi cruelle pour eux, que ruineuſe pour vous, puiſque l'inhumanité ne peut vous devenir utile, qu'autant qu'elle eſt entiere & complette.

CHAPITRE XXI.

Que l'esclavage pour cause d'insolvabi-
lité, étoit beaucoup plus raisonnable &
plus utile que l'emprisonnement.

MAINTENANT, à ce procédé timide qui tue le débiteur en appauvris-
sant le créancier, comparons l'opération hardie des peuples qui coupent
dans le vif & ne mettent à l'insolvabilité d'autre appareil que la servitude.
Cette opération semble douloureuse
au premier coup d'œil; comme cependant il n'en peut résulter que du bien,
sans aucun mélange de mal, on ne
peut que louer les sociétés qui l'autorisent, & les législateurs qui la recom-
mandent.

Que ce soit un bien général, c'est
de quoi on ne sauroit douter pour

peu qu'on veuille y réfléchir. Par ce moyen le créancier tire de sa dette, tout ce qu'il lui est possible d'en arracher. Si la somme est forte, je veux croire que la propriété acquise sur son nouvel esclave ne suffit pas pour le remplir : mais enfin la valeur intrinsèque de sa personne est une déduction à faire sur le principal si on le vend. Le produit de son travail en est l'intérêt si on le garde. Cela seul établit entre sa servitude & sa prison une différence bien essentielle : l'une l'acquitte & l'autre le surcharge, ce qui est fort opposé.

Il faut le nourrir, il est vrai : mais ce n'est plus une paresse immobile que l'on sustente : c'est une activité laborieuse. Ce n'est plus un malheureux que l'on force à partager la flétrissure du vice : c'est un être estimable que l'on rappelle à l'emploi si nécessaire & si commun de ses bras & des reſſources qu'il tient de la nature. Ce n'eſt plus une victime du déſeſpoir qui preſſe de ſon corps languiſſant un peu de paille pourrie par l'abondance de ſes larmes, plus encore que par l'humidité de la terre: c'eſt un homme qui conſacre ſes ſervices à d'autres hommes.

Des occupations non interrompues le diſtraient de ſonger à ſon malheur; il peut trouver aiſément, ſoit dans l'uſage de ſes facultés corporelles, ſoit dans le caractere bienfaiſant de ſon maître, un dédommagement de l'indépendance qu'il a perdue, puiſque dans l'excès de miſere où il étoit réduit, ſa liberté même n'étoit pour lui qu'un fardeau, & que ſi la loi ne l'avoit appliquée au paiement de ſa dette, il auroit été forcé de l'engager, ou de l'aliéner pour ſa ſubſiſtance.

Quels maux peut on oppoſer à ces biens inconteſtables qui naiſſent de l'efclavage donné pour compagnon néceffaire à l'infolvabilité ? Y a-t-il feulement le moindre inconvénient qui puiffe les balancer ?

Le débiteur perd tout ! Mais ce n'eft pas le moment où on livre entre les mains de fon maître, qui eft l'époque de fa ruine ; c'eft celui où l'indigence l'a dépouillé de tous les droits qu'il avoit à la propriété ; c'eft celui où elle l'a réduit à ne plus jouir que d'une exiftence précaire, à recevoir ces fecours funeftes, qui, de même que les breuvages de Circé, changeoient fa nature en paffant dans fon fang, & détruifoient en lui les prérogatives d'un être libre, pour y fubftituer les devoirs d'un être affervi.

Il eft enlevé à la fociété ! Il feroit bien autrement perdu pour elle dans le fond d'une prifon. Si j'ai les bras engourdis par une paralyfie, peut-on dire qu'on me les conferve en les ga-

rotant d'un bandage qui en perpétue
l'immobilité ? Dois - je me plaindre
qu'on me les ôte quand on parvient
par des fecouffes violentes à leur
rendre le mouvement ? Que m'importe
le remede par lequel on les guérit,
pourvu que l'on réuffiffe à m'en affurer
l'ufage ? Puis-je balancer entre le procédé rigoureux qui produira imman-
quablement cet effet, & une circonf-
pection tremblante, qu'il fe bornera à
prolonger la durée de mon mal, fans
même m'épargner les douleurs ?

Ce malheureux fait efclave, fera
maltraité par fon maître ! Eh ! C'eft
bien cela qui doit vous inquiéter !
Ne le fera-t-il pas encore davantage
par l'indigence fous laquelle il eft près
de périr ? Ne le fera-t-il pas davantage
par le défefpoir auquel vous le livrez,
en le précipitant dans les cavernes
fpécialement habitées par ce monftre,
& connues fous le nom de prifon ?

Vous imitez ces Sauvages qui , pour fouftraire leurs vieillards aux défagréments de la caducité , les font dévorer par des tigres. Vous craignez qu'il ne fouffre de la mauvaife humeur d'un homme , & vous l'abandonnez fans fcrupule à l'ennemi le plus impitoyable du genre humain.

Vous exigez qu'il s'acquitte ! Mais laiffez-lui donc fes mains , laiffez-lui le moyen de développer fes talents de quelque efpece qu'ils foient. Après quarante ans de captivité , tirerez-vous de fa bourfe quelque chofe de plus que le premier jour ? N'eft-il pas mort, anéanti pour lui-même , & pour la fociété, du moment qu'il a paffé les guichets redoutables que vous avez fait fermer fur lui.

Voyez donc votre inconféquance. Vous lui demandez de l'argent qu'il n'a point , & vous le mettez hors d'état d'en gagner. Vous craignez qu'il ne vous échappe , & quand il eſt en votre puiſſance, vous affectez de le dévouer à la plus parfaite inutilité. Vous lui ôtez ſans ſcrupule le plus grand des biens , la liberté , & vous tremblez de lui faire le plus petit des maux , celui de le forcer au travail.

Je vais plus loin. Non-ſeulement l'eſclavage pour lui n'eſt qu'un petit mal ; mais même il peut devenir un très-grand bien. Ce malheur apparent peut être la ſource de ſon bonheur, ſur tout ſi vous le vendez au loin , ſi vous le livrez à un maître étranger qui le dépayſe. Par cet acte de rigueur, vous avez conſommé tous vos droits. Il eſt mort civilement. Votre créance eſt éteinte , parce qu'elle ne doit pas s'étendre au-delà du tombeau.

Mais s'il vient à reſſuſciter , c'eſt-à-dire , s'il trompe la vigilance intéreſ-ſée de ſon acheteur ; s'il eſt aſſez adroit pour rompre ſa chaîne, & pour revenir dans fa patrie , il y rentrera libre en tout fens. Il ne fera plus efclave , & fa dette fera payée. Vous l'aurez fouftrait par cette mort fimulée à la maladie importune qui le rongeoit. Il laiſſe dans le fépulcre dont il s'arrache, fon ancienne peau , avec la lèpre dont elle étoit couverte. La nouvelle fous laquelle il reparoit, eft blanche , faine, exempte de tous les ulceres qui défiguroient celle qu'il a quittée.

La plus longue prifon lui préfente-t-elle jamais cette heureufe perfpective ? C'eft bien un tombeau auffi , mais un tombeau affreux , bâti des mains de la vengeance & de la cruauté. On n'y renferme que des vivants. Il eft deftiné à éternifer la durée de la lèpre qui les dévore. Elle s'accroît même pendant le féjour qu'ils y font. L'ulcere rongeur qui les confume , fe développe & s'étend dans la même proportion.

Ces malheureux qu'on n'a féqueftrés du commerce des hommes que pour les tourmenter, & non pour les guérir, ne confervent la vie, que pour maudire à chaque inftant leur exiftence : & quand ils viennent enfin réellement à la perdre, quand la mort trop long-temps fourde à leurs cris fe décide à les affranchir d'un joug plus infupportable qu'elle ; quand ils fe précipitent avec ardeur entre fes bras, comme dans un azile affuré, ce n'eft qu'après avoir éprouvé le plus long, le plus horrible des fupplices qu'a jamais inventés la barbarie humaine.

Que les lecteurs, pour peu qu'ils aient d'entrailles, s'examinent, qu'ils fe tâtent en réfléchiffant fur ce fujet, & malheur à eux s'ils ne fe fentent pas convaincus que l'emprifonnement pour dette eft la plus injufte, la plus inconféquente, la plus cruelle de toutes les opérations politiques , comme la plus infructueuse.

Mais perſonne ne voudra payer ſes dettes , s'il n'y a point de châtiment attaché au refus de les payer ! C'eſt la crainte de la punition qui fait faire des efforts ; c'eſt elle qui réveille la pareſſe , & qui intimide l'infidélité. Sans doute ; auſſi je ne vous dis pas de ſupprimer le châtiment; je ne vous remontre que la néceſſité d'en prendre un qui ſoit efficace. Je ne vous con-ſeille pas de ſonger à gouverner ſans fouet ce troupeau indocile qui abu-ſeroit bien-tôt de votre indulgence; je vous exhorte ſeulement à en choiſir un bon.

Avec la priſon vous n'intimidez que ceux qui ne ſont pas aſſez riches pour s'y dérober ou pour s'y procurer des douceurs qui lui ôtent toute ſon amer-tume. Elle n'eſt à craindre que pour les miſérables qui ne ſauroient ni s'y souftraire , ni l'adoucir , & fur qui par conféquent cette crainte n'agit pas plus fructueufement que ne le feroit l'efpérance de l'impunité. Les débiteurs opiniâtres & folvables envifagent fans effroi cette punition mitigée. Ils fe familiarifent avec elle : ils en fupportent l'idée fans peine , parce qu'ils favent le moyen de l'éluder dans la pratique , & de la prévenir.

L'efclavage au contraire infpireroit à tous également une falutaire épouvante. L'indigent qui n'a rien y feroit expofé, je l'avoue : mais il ne croupiroit pas du moins dans un cachot mal fain , & il s'acquitteroit peu-à-peu par le développement de fon induftrie. Il gagneroit au change , & fon créancier auffi. Le feul qui y perdroit ce feroit le débiteur infidelle.

Le banqueroutier frauduleux , par exemple , ne compteroit plus pour s'enrichir fur un vol manifefte , maf-
qué

qué fous le nom d'*accommodement*. Il y penferoit à deux fois avant que de remettre fon bilan au greffe , s'il favoit qu'au lieu de vendre fur la porte de fon magazin le rebut de fes marchandifes qu'il y aura laiffé , ce fera fa propre perfonne , qu'on y criera au plus offrant & dernier enchériffeur. Il renonceroit à fuppofer des pertes imaginaires , qui ne deviennent réelles que pour fes créanciers. Nos places de commerce ne feroient pas à tout moment ébranlées par des cataftrophes qui ruinent la fortune d'une infinité d'honnêtes gens , & affermiffent celle du fripon qui les a minutées.

CHAPITRE XXI.

*Inconvénients des modifications par lef-
quelles on a prétendu adoucir la Loi
qui autorife la contrainte par corps
contre le débiteur infolvable.*

JE penfe affez bien des hommes,
pour croire que rien de ce que je dis
ici ne fera nouveau, du moins aux
yeux de ceux qui ofent quelquefois
penfer par eux-mêmes, & apprécier
les ufages reçus d'après les regles de
la raifon, plutôt que de foumettre
leur raifon aux ufages reçus , & aux
coutumes établies. Ce qui me le per-
fuade, ce font les efforts que l'on a
hafardés de temps en temps contre
cette loi barbare, & les reftrictions
que l'on a effayé d'y apporter.

Mais comme ces efforts ont toujours été timides, & que le préjugé dominoit encore fur la hardieſſe même qui l'attaquoit: comme ces reſtrictions ſont inſuffiſantes, & de nature à annoncer de la bonne volonté, plutôt qu'à produire des ſuccès ; au lieu de détruire les anciens abus, on n'a fait qu'en introduire de nouveaux. On n'a point remédié aux inconvénients qui rendent la priſe de corps pour dettes très-dangereuſe : on n'a fait que les rendre plus ſenſibles.

S'il en a réſulté quelque ſoulagement, ce n'a été que pour la partie des débiteurs qui en avoit le moins beſoin. Ce n'eſt point l'inſolvabilité gémiſſante, qui s'humilie aux genoux de ſes créanciers, qu'on a aidée : c'eſt la fripponnerie orgueilleuſe qui les brave. Ce n'eſt point à l'indigence abſolue, qui mériteroit de leur part des ſecours, plutôt que des rigueurs, que l'on a préparé un aſile : c'eſt à une richeſſe fourde & frauduleufe qui s'eft formée à leurs dépens, & qui fe dérobe à leurs recherches derriere le rempart abufif, que je ne fais quelle commifération a bâti pour elle.

Premiérement un ufage affez généralement reçu dans un grand nombre de tribunaux, ouvre la porte des cachots à un prifonnier qui fournit le tiers de la fomme pour laquelle il a été écroué. Il femble que ce foit un trait d'humanité réfléchie, & c'eft fans doute fous cette apparence qu'il s'eft offert aux magiftrats qui l'ont les premiers adopté.

Ce n'eft pourtant au vrai, qu'un rafinement d'avarice : c'eft un fecret imaginé par elle pour mettre à contribution la charité des ames compatiffantes, qui fe cotifent quelquefois pour former le tiers qui doit rendre la liberté à un captif. Cette indulgence même eft une preuve indubitable de l'injuſtice de la rigueur qui l'a précédée & occaſionnée.

D'abord cet affranchiſſement momentané n'anéantit aucun des droits du créancier. Quand il a reçu ſon tiers, la ſentence qui lui adjuge les deux autres ſubſiſte dans ſon entier; il peut la faire remettre à exécution quand il lui plaît, dès qu'il le juge à propos : la ſortie de ſon débiteur ne ſera qu'un ſonge illuſoire : après quelques jours où celui-ci aura rêvé qu'il étoit en liberté, il ſe trouvera éveillé par les cris des ſergents, & par le bruit des verroux qui le renfermeront comme auparavant.

Enſuite s'il a pluſieurs créanciers, ce ſonge même qui lui rafraîchiroit le ſang peut ne pas avoir lieu. Chacun d'eux eſt maître de venir, comme on dit, le *recommander* à l'inſtant où il eſt près de ſortir. Cette cérémonie leur coûte quelques écus : mais il n'y a point de conjuration magique dont les effets foient fi prompts. Le tiers payé étoit le rameau d'or qui imprimoit du refpect aux démons de cet enfer. La *recommandation* eft un coup de fiflet des Furies, qui leur rend toute leur férocité. Les chaînes du malheureux qui tomboient, fe relevent d'elles - mêmes , & recommencent à le ferrer plus étroitement que jamais. Cerbere aboie, l'efpérance fuit, & l'infortuné eft replongé dans le Tartare où il continue de boire à longs traits l'humiliation & l'amertume.

Quand même les recommandations n'auroient pas lieu, quand la délivrance du tiers dont je parle produiroit tout fon effet, ce ne feroit de la part de la Loi qu'une plus grande inconféquence. Vous relâchez ceux qui le paient, & vous retenez ceux qui ne le paient pas. Ce n'eft donc plus que pour une partie de leur dette , que ceux-ci font arrêtés. Mais fongez-vous que plus le motif de leur détention devient léger, plus l'autorité qui les captive devient barbare ? Moins l'obftacle qui s'oppofe à leur liberté eft confidérable, plus l'inhumanité qui les en prive eft révoltante. L'horreur que l'une infpire doit augmenter dans la même proportion que l'autre diminue.

Je vous dois mille écus : vous venez m'apprendre que vous me ferez fortir fi je vous donne cent piftoles que je n'ai pas. Si, après vous être bien afluré de mon impuiffance, vous ne m'y retenez que pour cet objet, vous êtes deux fois plus cruel, que quand vous m'avez fait arrêter pour la fomme entiere.

Mais, dit-on, il eft plus facile de payer cent piftoles que mille écus. C'eft un foulagement réel que cette diminution. Vous avez tort de vous

plaindre du rabais qu'on vous accorde
fur le prix qu'on peut exiger de votre
liberté. Il y a de l'ingratitude à mur-
murer d'une modération qui devroit
exciter toute votre reconnoiffance.

Point du tout : elle n'eft utile qu'aux
débiteurs frauduleux qui ont caché
leur argent pour tirer meilleur parti
de l'effroi de leur créancier : ce n'eft
point de ceux-là que je parle : ils méritent quelque chofe de plus que la
prifon. Mais fi je fuis vraiment infolvable, que m'importe ce prétendu
rabais, dont vous faites tant d'éta-
lage ? Pour qui n'a rien, cent piftoles & mille écus font la même chofe.
Entre deux opérations également im-
poffibles, doit - il être queftion du
plus ou du moins d'impoffibilité ?

Il y auroit une folie abfurde à me
commander de boire la mer. Y en
auroit - il moins à m'ordonner d'ava-
ler le Rhône, fous prétexte qu'il ne

contient pas tant d'eau que l'Océan ? Vous riez de cette extravagance ! au nom près, c'eſt pourtant préciſément votre propoſition. C'eſt parce que je ſuis dépourvu de tout , que vous avez ſaiſi ma perſonne ; & vous m'offrez de la relâcher , ſi je vous donne de l'argent ? Mais ſi j'en avois eu n'aurois-je pas mieux aimé le ſacrifier pour vous empêcher de me mettre en priſon , plutôt que pour vous engager à m'en laiſſer ſortir ?

N'eſt-il pas clair que plus vous rapprochez de moi la liberté ; plus vous raccourciſſez la diſtance qui m'en ſépare , & plus vous me faites faire d'efforts pour y atteindre. C'eſt une véritable eſtrapade que vous donnez à mon ame. Elle s'allonge , elle ſe tourne , elle ſe fatigue en tous ſens pour arriver à cet objet déſiré , avec d'autant moins de ménagement qu'elle s'en croit plus voiſine ; & vous auteur

L v

& témoin de fon fupplice, vous ofez l'encourager avec des cris infultants qui en augmentent la rigueur. En refferrant la corde qui produit fon tourment ; vous lui dites qu'elle n'a plus qu'un pas à faire pour ceffer de fouffrir. Vous confidérez, avec le fang froid d'un bourreau endurci, fon embarras & fa douleur.

CHAPITRE XXIII.

Autres modifications aussi illusoires apportées à la Loi qui prononce la contrainte par corps contre l'insolvabilité.

UN second adouciffement prétendu par lequel on a cru mettre des bornes à cette loi cruelle, c'eft la défenfe de faifir un débiteur dans fa maifon, du moins fans une permiffion expreffe & particuliere des Magiftrats. Le droit commun reftreint le miniftere des fergents aux lieux publics. La porte d'un logis eft une barriere refpectable qu'ils ne doivent point forcer. Un homme tranquille, à qui il coûte peu de fe priver de l'ufage de fes jambes, peut vivre heureux & paifible dans fa maifon, quelque mauvaifes affaires qu'il

aye. Il peut même braver de sa fenê-
tre, les records avec sécurité, & certainement les exemples n'en sont pas
rares (a).

Nous nous applaudissons de cette
indulgence ; il y a des jurisconsultes
qui s'extasient en parlant de cette modération ; ils ne cessent point d'exal-
ter le respect que la Loi conserve
même dans sa rigueur, pour les foyers
domestiques. Je ne m'arrête point à
prouver combien il est déplacé, &
même ridicule. C'est un reste du pa-
ganisme qui a transpiré dans nos
mœurs : il s'est insinué jusques dans
notre jurisprudence ; mais il n'y est
pas devenu plus raisonnable.

(a) Il y a des tribunaux dont les sentences
n'ont pas même ce frein. La conservation de
Lyon, par exemple, fait exécuter par tout,
même dans les maisons des particuliers, les
contraintes par corps qu'elle a prononcées.

Si vous avez le droit de m'arrêter
dans la rue, pourquoi ce droit expi-
re-t-il fur le feuil de ma porte ? pourquoi fuis-je coupable ici, tandis que je
ferai innocent à deux pas plus loin ?
pourquoi l'épaiffeur d'une muraille
dénature-t-elle entiérement mon refus
de vous payer, au point qu'il fera fans
danger pour moi tant que j'aurai foin
de me couvrir de ce bouclier favorable, & que j'éprouverai toute la févérité des Loix fi je m'en écarte ?

L'abfurdité de toutes ces inconfé-
quences eft fi palpable qu'il fuffit de
les développer pour les faire fentir.
Je ne m'y arrête point : je me borne
à examiner à qui ces reftrictions font
utiles, & de qui elles opérent le foulagement. Je trouve avec furprife
qu'elles font auffi injuftes que bizarres.
Je fuis révolté en voyant qu'elles ne
tournent qu'au détriment du pauvre,
& que ces ménagements circonfpects

ne fervent qu'à accabler ceux qui feroient feuls en droit de les réclamer
avec équité.

D'abord la maifon du débiteur eft
un afile facré contre l'audace des
huiffiers. Elle vient s'y brifer comme
les flots de la mer fur le fable qui la
borde. Mais il ne faut qu'une cérémonie peu coûteufe pour lui faire
franchir cet obftacle. Un ordre fimple
de la part d'un juge l'autorife à cet
attentat. Ainfi le privilege de ne point
être arrêté chez foi eft une petite reffource. Tout l'avantage qu'il procure,
c'eft que pour le violer, le porteur de
l'ordre fe fait efcorter par la maré-
chauffée : il prend des records habillés
de bleu, au-lieu que ceux dont il fe fert
ordinairement font vêtus de gris. Ce
que le débiteur y gagne eft de fe voir
enlever comme un criminel, au lieu
de l'être comme un innocent que la
fortune a trahi; l'éclat, le fcandale,

& sur-tout les frais sont plus considérables , ce qui n'est pas un profit
pour lui.

Plus ces coups d'autorité son bru-
yants , plus on examine avant que de
les permettre le rang de la personne
sur qui ils doivent tomber. Pour peu
que le débiteur soit connu ; pour peu
qu'il ait d'amies , ou de parentes qui
s'intéressent à son sort , il faut que son
adversaire soit bien puissant , ou sa
banqueroute bien odieuse , pour que
l'on en vienne envers lui à cette extrémité. D'ailleurs il en est presque toujours averti avant l'exécution. Il est à
couvert quand on se présente en force
pour le saisir , & les archers même qui
brisent sa porte sont bien sûrs de ne
pas le trouver derriere.

Mais le misérable qui a des dettes
& point de protections ; l'infortuné
poursuivi par un bourgeois accrédité ,
ou par un riche usurier , est - il mé-

nagé de même ? J'en appelle à l'expérience. C'est-elle qui nous apprendra
avec quelle facilité la fentence par
corps eft fuivie de la permiffion de le
faifir chez lui. C'eft un roitelet qu'un
vautour enleve en paffant, & fans fe
déranger. C'eft envain qu'il fe blotit
dans le galetas démeublé dont il a
fermé la porte : elle tombe à l'approche
du redoutable parchemin, & le livre
fans défenfe aux ferres de fon perfé-
cuteur.

Suppofons cependant que tous deux
foient pareillement refpectés dans leur
afile ; fuppofons que la juftice ne
mette aucune différence dans le traitement de ceux dont les rangs ne font
pas égaux, celle de leur fituation n'en
met-elle pas une terrible dans l'ufage
de cette prérogative commune ? Il ne
fuffit pas d'être en sûreté chez foi : il
faut y vivre. Celui qui a fauvé dans
fa retraite les débris de fa fortune, ou

qui compte fur l'une pour affurer l'autre
n'y eft pas embarraffé de fa fubfiftance.
Il ne fort point pour l'aller chercher :
il a des bras étrangers qui la lui appor-
tent; il s'allarme peu de fe voir bloqué
dans une place , où il eft à l'abri de
la famine , qui pourroit feule l'en
chaffer.

Mais celui qui n'a point ces reffources ; celui qui ne fe garantit de la faim
que par un commerce , ou un travail
journalier , à quoi fe réduit à fon
égard ce ménagement apparent? qu'importe qu'il ne foit pas permis aux fatellites de fon ennemi de l'infulter chez
lui , fi le befoin l'en chaffe , & l'oblige
à fe livrer de lui même entre leurs
mains ? Quand il lutteroit avec fuccès
contre cette néceffité preffante; quand
une compaffion charitable le mettroit
en état de fe préferver de leurs embûches , ils fauroient toujours bien l'y
attirer. Leur induftrie aiguillonnée

par l'eſpérance du bénéfice attaché à *la capture*, l'emporte preſque toujours ſur la défiance de la crainte. Il eſt bien rare que leur proie ait plus de ſagacité pour leur échapper, qu'ils n'en ont pour la ſurprendre.

On ne finiroit pas ſi l'on vouloit rapporter tous les ſtratagêmes ingénieux qu'ils emploient pour l'attirer dans leurs filets. Je n'en citerai qu'un dont j'ai été le témoin : il eſt ſubtil : il fit une réputation à ſon inventeur : & en juſtice bien réglée, il auroit dû lui valoir un châtiment exemplaire.

Dans une ville de province où j'étois, un cordonnier avoit été condamné par corps au paiement d'une ſomme aſſez légere : mais les frais de pourſuite, & les intérêts l'avoient fort groſſie. Depuis long-temps il ne ſortoit plus, & ſon inſolvabilité ne diminuoit pas. On avoit vendu ſes meubles, c'eſt-à-dire, un peu de paille pourrie ſur laquelle il couchoit, il avoit lui - même vécu du reste.

Heureusement il étoit veuf, & n'avoit presonne à qui faire partager sa misere, qu'une petite fille de six ans. Tous les jours, à midi, cette enfant sortoit demi-nue avec un pot cassé à la main ; elle se rendoit dans une maison un peu éloignée, mais à la vue de celle de son pere ; elle en rapportoit lentement un peu de soupe qu'on lui donnoit par charité. Le malheureux, inquiet pour son enfant & pour son dîner, restoit fixé sur sa porte. Il suivoit l'une & l'autre des yeux pendant tout le trajet, & ne quittoit son poste que quand l'entrée du convoi le rassuroit au moins pour ce jour-là, contre la crainte de la famine.

Il avoit affaire à un créancier riche, & encore plus impitoyable. Cet homme se croyoit outragé par la sécurité de son débiteur. Il trouvoit son honneur intéressé à la détruire, & par

vengeance, encore plus que par avarice, il preffoit vivement fes huiffiers
de lui donner fatisfaction. Un d'entre
eux s'apperçut du manége de l'enfant
& de la porte : ce fut fur cette ob-
fervation qu'il fonda le fuccès de fon
ftratagême.

Le lendemain la petite fille reve-
nant avec fon fardeau fut faifie au milieu de la rue par un records déguifé,
la foupe renverfée, & l'enfant cruellement battue. Le pere à ce fpectacle
oublie tout. Il vole au fecours de ce
qu'il a de plus cher au monde. Il
n'avoit pas fait quatre pas qu'il fut
faifi par une troupe qui obfervoit tous
fes mouvements. On l'enferma en
prifon, où il périt au bout de quatre
mois de mifere & de défefpoir. Son
enfant étoit morte avant lui à l'hôpital.

Voilà un trait fur mille de l'adreffe
avec laquelle les bas-officiers de la
juftice fe jouent des ménagements

qu'elle voudroit avoir pour les malheureux. Après l'expédient indiqué par
les douze tables, je ne crois pas qu'on
puiſſe en imaginer un plus atroce que
celui-là. C'eſt un abus criant des droits
de la nature : c'eſt un outrage fait à
la police. Car enfin il étoit contre le
bon ordre de maltraiter une enfant
très-innocente à tous égards : & remar-
quez qu'on n'en feroit pas venu à cette
extrémité, ſi l'on n'avoit été bien sûr
de la tendreſſe du pere ; de forte que
ſa ſenſibilité même, la bonté de cœur
qu'il conſervoit au milieu de ſa miſere,
étoit le piége qu'on lui préparoît pour
achever ſa ruine. Il n'y a qu'un pauvre
dénué de tout contre qui l'on pût en
faire uſage, & qui pût s'y laiſſer
prendre.

Il en eſt de même de toutes les oc-
caſions relatives à l'objet dont je parle.
C'eſt donc par une compaſſion bien
vaine que la loi ordonne de reſpecter

les terriers ou fe fauvent les débiteurs, quand ils fe fentent pourfuivis par la meute qui les a lancés. Cette défenfe n'eft refpectée que quand il s'agit des bléraux, parce qu'ils étranglent le furet qu'on leur détache. Mais les lapins font délogés fans difficulté, & pris fans réfiftance dans les poches dont on a garni toutes les iffues de leur afile.

CHAPITRE XXIV.

Troisieme modification aussi peu utile, apportée à la loi de la contrainte par corps.

ENFIN une derniere borne donnée à l'étendue de la contrainte par corps, c'est la distinction que l'on a faite entre les especes de dettes qui y seroient soumises. On l'a presque restreinte à celles qui sont du fait du commerce, ou qui en ont la forme : je dis presque, parce qu'en effet elle ne laisse pas d'embrasser beaucoup de dettes qui n'ont aucun rapport au commerce. Les dépens d'un procès, par exemple, le remboursement des épices, & du coût de l'arrêt emportent la contrainte par corps (a).

____

(a) Voyez l'ordonnance de 1667, & son commentaire.

Il y auroit ſur tout cela bien des réflexions à faire , & ſi je les ſupprime , ce n'eſt pas aſſurément que je les croie ni fauſſes ni ſuperflues.

Ce n'eſt donc communément qu'un marchand , ou un homme qui a ſigné des lettres de change faites pour être négociées , que l'on condamne tout d'abord à la priſon , quand ſon paiement n'eſt point prêt à l'échéance. Cette regle , comme les précédentes a un extérieur de convenance & d'équité qui prévient en ſa faveur.

Les révolutions de l'argent dans le commerce ſont plus rapides ; il y a par conſéquent plus de danger à les retarder : ce ſont donc ceux qui font une profeſſion particuliere de cet état , qu'il faut aiguillonner pour les rendre exacts. Leur négligence néceſſiteroit les délais d'une infinité d'autres. La circulation des eſpeces ſeroit interrompue à Lyon par la non-valeur

valeur d'un effet de Paris : il faut donc forcer le négociant de Paris par la crainte d'un châtiment rigoureux, à payer sans retard, afin de sauver des pertes à ceux de Lyon.

Le commerce depuis l'invention du papier, n'est plus qu'un grand corps dont tous les membres se touchent, & partagent réciproquement les accidents. La tête souffre, dès que le jeu du pied est interrompu. Il faut donc apporter un prompt remede à l'engorgement qui se forme dans ce pied malade, & ce remede ne peut-être que la crainte de la prise de corps.

Voilà ce que l'on peut alléguer de plus spécieux en sa faveur. Cependant je ne crains pas de le dire, c'est encore ici une méprise terrible de la part de la loi. C'est un chirurgien mal-à-droit qui se trompe sur le genre de l'opération qu'il a à faire. Au lieu de panser le membre malade, il l'arrache. Au lieu de fauver le corps , il le tue autant qu'il eft en lui. Il donne volontairement la cangrene à la partie attaquée , & en néceffité la putréfaction.

D'abord tout le monde fait que les trois quarts des lettres de change qui viennent à protêt , ne font point foufcrites par des négociants de profeffion. Ils favent qu'un protêt eft fur leur réputation une tache très-difficile à effacer. Ils s'en préfervent le plus foigneufement qu'ils peuvent. Ceux qui en courent le plus fouvent les rifques font des particuliers dérangés , dont le trafic fe borne à payer de gros intérêts , pour des fommes qu'ils n'ont pas toujours reçues entieres. Leurs lettres de change, au lieu d'être pour fait de commerce , ne font prefque jamais que pour fait d'ufure , ou de quelque chofe qui y reffemble.

Quand on a vu la loi attacher à cette efpece d'engagement un privilege particulier , les prêteurs l'ont préférée pour leur sûreté , & les emprunteurs s'y font foumis pour avoir de l'argent. Cette manœuvre n'étoit pas bien difficile à prévoir. Le légiflateur devoit s'y attendre , & prendre des précautions en conféquence.

C'eft ce qu'il n'a point fait ; & ce qui réfulte de cet oubli, c'eft qu'on le force tous les jours à donner lui-même les mains à la violation de fon ordonnance. On l'oblige à chaque inftant d'être le complice des ufures qu'il a profcrites. Ce font les états autres que le commerce qu'il a voulu ménager , & c'eft précifément fur eux que l'on dirige fes coups.

Je ne dis là rien qui ne foit palpable. Il n'eft pas befoin d'être praticien pour le favoir. Une expérience journaliere fournit mille preuves de cette vérité ; elle démontre que cette difpofition de la Loi n'a d'autre effet

M ij

que de multiplier le genre d'abus qu'elle s'étoit propofée de prévenir.

Mais quand il n'auroit pas lieu, fon intention en feroit-elle mieux remplie? Quand la contrainte par corps n'affecteroit exactement que les marchands, les fuites en feroient-elles plus falutaires? Eft-il bien vrai qu'en les mettant en prifon, on les obligera de payer, & que la faifie faite de leur perfonne fera une recette immanquable contre leur infolvabilité?

Qu'on fe rappelle à cet égard tout ce que j'ai dit en parlant de l'emprifonnement du débiteur ordinaire. J'ai prouvé qu'il étoit ridicule de lui lier les bras, quand on lui demandoit de l'argent. J'ai fait voir que fa détention ruinoit fes affaires, fans avancer celles du créancier; qu'elle reculoit néceffairement fa libération au lieu de l'accélérer. Il feroit contre le bon fens de mettre des entraves pefantes aux pieds d'un coureur, & d'exiger enfuite de lui qu'il courût avec plus de rapidité qu'auparavant. C'eft précifément ce qu'on fait en mettant un homme infolvable en prifon.

Si ces raifons ont tant de force en faveur de tous les états indiftinctement, elles en ont bien davantage, quand il eft queftion du marchand. Qu'on arrête un noble, un eccléfiaftique, un bourgeois rentier, on ne caufe dans leurs affaires qu'un dérangement médiocre. Leurs revenus viennent les trouver, fans qu'ils fe déplacent. L'immobilité eft, pour ainfi dire, leur façon d'être naturelle. Quand on leur ôte la liberté de fortir, c'eft à leurs plaifirs qu'on les arrache plutôt qu'à leurs occupations.

Il n'en eft pas de même à beaucoup près d'un négociant. Sa fortune tient à fa préfence. Il eft ruiné dès qu'il

perd la faculté d'agir. De plus l'éclat
de sa détention fait une plaie mortelle
à son crédit. Cet aliment précieux du
commerce, est, comme la vertu, une
fleur délicate que le moindre vent flétrit. Que sera - ce si vous l'exposez
à un tourbillon affreux qui en brise la
tige, & l'arrache avec violence de
dessus ses racines ?

N'espérez pas qu'elle puisse jamais
reprendre, même quand l'orage sera
passé. C'est une chose bien singulie-
re, que ce ne soit pas la faillite qui
déshonore & accable un marchand,
mais les précautions mêmes que l'on
prend pour l'empêcher. Un banqueroutier frauduleux peut deux & trois
fois voler impunément ses créanciers,
si le gain de la premiere banqueroute
ne lui paroît pas suffisant. Pourvu
qu'il ait fait son accommodement de
loin; pourvu qu'une défiance prudente
l'ait garanti des fers, ils ne sera point

exclus du commerce. Les correspon-
dants qu'il vient de fruſtrer feront
les premiers à retravailler avec lui.

Au contraire un malheureux honnête homme qui n'aura pas ſu ſe garantir de la priſon n'a plus à compter
ſur la confiance de ſes confreres. Il
eſt déchu ſans reſſource. Il eſt exclus
du commerce ſans retour. Et pour
comble d'extravagance, on ſe pique
dans l'accommodement même d'être
auſſi impitoyable envers lui, qu'on
a été indulgent envers l'autre. On refuſe à la bonne foi mal-adroite &
enchaînée, la moindre grace, tandis
qu'on s'empreſſe de tout offrir à l'infidélité prévoyante qui a ſu ſe mettre
hors de priſe : de ſorte que, comme
je l'ai dit, ce n'eſt point la banqueroute qui perd un trafiquant, mais ſa
mal-adreſſe. Son honneur n'eſt compromis que par les fers, & non par
l'action qui les mérite.

Ce préjugé eſt abſurde ſans doute ;, comme tous les préjugés ; mais il eſt établi : mais il eſt univerſel. Il exi-geoit par conſéquent une plus forte attention de la part du Légiſlateur. C'étoit une raiſon de plus pour re-jeter un genre de peine que le crime élude, & qui n'eſt preſque jamais funeſte qu'à l'innocence. Elle n'eſt admiſſible dans aucun cas, & moins encore dans celui du commerce que dans tous les autres. Autant voudroit reſſuſciter la politique des douze tables ; & permettre aux créanciers d'un marchand dépourvu de fonds, de le couper en morceaux, que de l'arrêter, puiſque par là on tue ſon crédit qui eſt l'ame, la vie de ſon état.

CHAPITRE XXV.

Que l'esclavage a subsisté dans tous les pays, tant que le gouvernement n'en a pas été corrompu.

L'ASSUJETTISSEMENT des serfs enté sur la même souche que la dépendance des femmes & des enfants, a éprouvé la même immutabilité dans l'Asie, & les mêmes variations ailleurs : après y avoir été consacré aussi authentiquement, il y a été attaqué peu à peu. On l'a également vu se naturaliser dans tous les établissements nouveaux & animés de la vigueur que donne la jeunesse, avec la frugalité, la vertu, l'ordre & le repos public, avec tous les signes qui caractérisent la liberté.

Elle a dégénéré insensiblement en

M v

raifon de ce que les gouvernements
fe font corrompus, & ont penché vers
leur caducité jufqu'à ce qu'enfin elle
fe foit abolie fans retour en Europe,
après les ravages de la féodalité, au
moment de la naiffance d'une adminiftration inconnue jufques-là fur la
terre, de cette inconcevable conftitution qu'il a plu au préfident de Montefquieu d'appeler *monarchie*, *pouvoir
mixte*, *&c.* où le fouverain eft enchaîné, où le peuple n'eft pas libre;
où l'un eft toujours humilié, & l'autre toujours affervi; conftitution qui
a tous les maux de la tyrannie, &
n'a aucun des avantages de l'indépendance; conftitution où des yeux éclairés & impartiaux ne peuvent démêler
qu'une ariftocratie déguifée; mais devenue par les acceffoires mêmes qui la
traveftiffent, la plus extravagante &
la plus dangereufe de toutes.

C'eft à cette époque que la fervitude perfonnelle a difparu de l'Europe, & que la fervitude politique en a pris la place. Eft-ce la vertu ? Eft-ce l'humanité qui ont dirigé cette prétendue réforme. Il s'en faut bien. Tant que les Grecs, comme les Romains ont confervé comme les Afiatiques la pureté de leurs mœurs, & la véritable liberté civile, ils ont en même temps révéré le defpotifme domeftique des chefs de famille dans l'intérieur de leur maifon ; mais dès que la corruption commença à s'y glifler, le pouvoir extérieur prit connoiffance de ce qui s'y paffoit, & fous prétexte de prévenir l'oppreffion, il y autorifa la révolte.

Ce ne fut point dans les beaux jours d'Athènes qu'un efclave mécontent de fon maître fut autorifé à le forcer de le vendre. M. de Montefquieu eft forcé d'avouer liv. 15. chap. 17, que ce *fut dans les derniers temps qu'une*

pareille loi s'introdutſit à Rome. Par-
tout vous voyez l'autorité publique ne
s'interpoſer ainſi dans le ſecret des
familles, que quand les liens de l'état
ſe relâchent, & que quand la corruption commune rend ſuſpectes toutes
les puiſſances particulieres. Achevons
de développer le myſtere de cette
conduite, & de ces effets dont nous
avons déjà dit un mot à la fin de chacun des deux livres précédents.

Il eſt certain d'abord que cette in-
compatibilité entre le deſpotiſme civil, & le deſpotiſme politique n'eſt
fondée ni ſur la vertu des monarques,
ni ſur la douceur de leur adminiſtra-
tion, ni ſur leur ménagement pour
le ſang humain. Quoique le ſceptre
qu'ils briſent dans la main des peres
ſoit un ſceptre rigoureux, ce n'eſt
ni par indulgence, ni par reſpect pour
la vie des hommes qu'ils ſe déter-
minent à l'anéantir : ce n'eſt point

là le caractere de cette espece de gouvernement. Si Trajan, si Adrien qui attaquerent, comme Auguste, le pouvoir paternel, étoient de très-grands Princes, des Souverains pleins de lumieres & de bonté, leurs successeurs qui suivirent le même plan étoient presque tous des monstres de cruauté, ou des prodiges de foiblesse.

Le plus grand nombre étoient des cœurs féroces, ou des ames efféminées. Ils faisoient consister tous leurs droits dans celui d'ordonner sans cesse des exécutions sanguinaires, où d'en être les témoins. Ce n'est pas sans doute un principe de compassion qui a pu conduire de pareils tyrans à délivrer les enfants d'une gêne incommode : ce n'est point par tendresse pour eux qu'ils se sont réservés à eux seuls le pouvoir exclusif de décider de leur sort. Ce n'est point par humanité qu'ils ont introduit l'égalité dans l'intérieur des familles , & que pour disposer plus aisément des membres, ils en ont autorisé la révolte contre le chef.

C'est dans la nature même de leur gouvernement qu'il faut chercher le motif de cette conduite. Ce font les ressorts secrets de leur administration qu'il faut étudier pour en démêler le jeu. C'est dans cette étude que l'on trouvera de quoi se convaincre de l'infaillibilité de cette régle générale, que j'ose établir, savoir que la puissance des maris ou des peres est le vrai thermometre de la dépravation des mœurs dans un état, & par conséquent de la dissolution même de ses principes politiques.

Quiconque y réfléchira sérieusement sera bien tôt persuadé que pour connoître à quel degré d'éloignement ou de voisinage est un empire du despo-

tifme, il ne faut qu'examiner l'ordre
fubfiftant dans les familles , & la
fituation réciproque de leurs membres les uns à l'égard des autres.
Quel que foit le nom du gouvernement , foyez sûr qu'il eft defpotique ,
où prêt à l'être , dès que les loix y
donnent aux femmes le droit de déf-
honorer leurs maris devant les tribunaux, & aux enfants celui de traîner
devant les juges l'auteur de leurs
jours.

Ces fcenes odieufes n'ont point lieu,
& ne fauroient l'avoir dans les républiques où les mœurs ne font point
altérées. (a) La femme fans pudeur ,

(a) Ce que je dis ici des républiques doit
s'entendre également des monarchies bien conf-
tituées, comme par exemple celles de l'Afie,
dont la bafe eft encore la vertu & où chaque
particulier peut régner en paix dans fa maifon,
fans donner d'inquiétude & de jaloufie au chef
qui regne fur l'état. Voyez à ce fujet le chapitre
fuivant.

ou le fils dénaturé n'y trouvent point d'afile dans les bras de la juftice. Elle s'arme contre eux d'une rigueur inflexible , quand ils veulent s'affranchir d'un joug auquel les mœurs & l'intérêt général de la fociété les affujetiffent. Si fur leur plainte elle fe décide quelquefois à faire ufage de fon glaive , c'eft pour punir leur audace , & non pour la favorifer.

___

Au refte, par le mot de république , il eft bon d'avertir que je n'entends que la pure démocratie. L'ariftocratie que nos publiciftes s'opiniâtrent à regarder comme un gouvernement républicain , eft de toutes les adminiftrations la plus corruptible , ou plutôt la plus corrompue , & par conféquent la plus defpotique. Elle eft néceffairement dépravée à l'inftant de fa naiffance : elle a tous les inconvéniens du pouvoir d'un feul , & n'a aucun de fes avantages. Elle multiplie le nombre des fouverains dans un même état , & par conféquent les troubles , les vices , ainfi que les charges du peuple. Il n'y a point du gouvernement plus dur ; il n'y en a point de plus impitoyable ; il n'y en a point de plus tyrannique. Le vrai defpotifme n'eft que le dernier degré de l'ariftocratie.

La raison en est simple. Dans ces états, tant qu'ils sont bien régis, tant qu'ils conservent cette harmonie qui fait leur force & leur santé, le but universel est d'entretenir l'ordre & la paix. Il n'y a ni jalousie, ni rivalité entre les puissances qui les composent, parce qu'elles rapportent toute leur origine à la même source. Elles sont établies pour le bien commun : elles n'ont point d'autre vue que de travailler à le procurer, & d'autre gloire que d'y réussir.

Les magistrats toujours dépendants du corps dont ils ne cessent point de faire partie, sont contents & tranquilles, pourvu que les loix soient observées. Quelle que soit la main qui en facilite l'exécution, ils applaudissent au succès, parce qu'ils ne veulent rien pour eux, & que la paix commune est l'unique but de leurs travaux. Ils doivent donc voir avec plaisir les fa-

milles calmées, pacifiéespar un pouvoir abſolu, qui répond de leur ſou-
miſſion & de leur tranquillité. Ils
doivent enviſager ſans inquiétude la
crainte, le reſpeĉt qu'un pere inſpire
à ſes enfants, parce que ces ſentiments
qui les attachent à lui, ſont un gage
de leur façon de penſer envers les
ſupérieurs que le pere craint & reſ-
peĉte lui-même.

A leurs yeux la paternité eſt une
premiere magiſtrature dont l'effet eſt
d'autant plus certain, qu'elle touche
de plus près aux objets qu'elle doit
gouverner. Ils doivent donc contribuer
à en augmenter volontiers les prérogatives. Chaque degré de pouvoir ou
d'honneur qu'ils lui conferent eſt un
gain pour eux. Plus elle eſt puiſſante,
plus ils le ſont eux-mêmes, eux dont
elle ſe fait une loi de ſuivre les ordres.

Ils ſont bien ſûrs que les comman-
dements notifiés aux citoyens qui en

font décorés, feront accomplis avec
d'autant plus d'exactitude que leur
volonté fera plus facrée pour tout ce
qui en dépend. Le defpotifme des
peres entre les mains de la liberté ré-
publicaine devient le moyen le plus
fûr & le plus facile pour diriger les
enfants. C'eft ainfi que dans une grande
armée le général n'eft jamais mieux
obéi, que quand une difcipline févere
y fait trembler le foldat, à l'afpect du
moindre officier fubalterne.

Ajoutons que dans un état de ce
genre, l'effence de la conftitution eft
que chaque citoyen ait une partie de
la fouveraineté. Ce n'eft que dans les
affemblées, il eft vrai, qu'ils en jouif-
fent pleinement. Chacun d'eux pris à
part n'eft qu'une roue de la grande
machine qui fe forme de leur union.
Son jeu ne réfulte que de la correfpondance intime de toutes les parties
qui la compofent, & pour faire des

loix qui lient le corps entier, il faut
que tous les membres deftinés à les
obferver, ayent concouru à leur établiffement.

Mais en fe féparant, ils ne perdent
pourtant pas toutes leurs prérogatives; ils confervent en particulier quelque chofe du pouvoir qu'ils ont exercé
en commun. Comme Moïfe en for-
tant d'une converfation avec l'être
fuprême, emportoit fur le vifage des
traces de la lumiere divine, dans laquelle il avoit été fi long-temps plongé;
de même des républicains, à l'iffue
d'une affemblée, rentrent dans leurs
maifons encore tout brillants de l'autorité dont ils viennent de faire ufage.
Elle exifte toujours en eux: elle s'y
proportionne à l'étendue du domaine
qui leur refte à régir.

Ce domaine, c'est la famille qui
leur doit l'exiftence. La premiere opération de la fociété en la ramaffant

autour d'eux , a été de les en établir les arbitres abfolus. Pour qu'ils euffent ceffé de l'être , il faudroit qu'ils en euffent perdu le droit : mais qui le leur auroit fait perdre ? Ce n'eft pas une force étrangere , puifqu'ils font encore libres. Ce n'eft pas non plus d'un confentement unanime qu'ils ont pu y renoncer : on ne fe dépouille pas volontairement du plus flatteur de tous les privileges. On ne fe fait point de mal à foi-même , tant que l'on conferve fon bon fens , & la renonciation aux droits paternels feroit une démarche folle , nuifible , dont on ne fauroit foupçonner des hommes affez fages pour préférer l'égalité de la démocratie à toute autre efpece d'adminiftration.

A qui d'ailleurs auroient-ils remis ce pouvoir, s'ils avoient confenti à s'en priver ? Ceux qu'ils en auroient faits les dépofitaires en auroient bien-tôt abufé contre eux-mêmes. Ceux qui auroient eu toute puiſſance dans la maiſon n'auroient pas tardé à en aſſervir le maître : & une preuve qu'il s'eſt réſervé le droit d'y commander ſeul, c'eſt qu'il commande encore pour ſa part dans l'état.

Chaque républicain reſte donc ſouverain chez lui, indépendamment de ſes concitoyens, qui jouiſſent chez eux de la même prérogative, quoiqu'ils n'en ſoient en poſſeſſion ſur la place, que concurremment avec le reſte de la cité. Ce n'eſt même qu'en vertu de la ſouveraineté domeſtique, qu'ils établiſſent des loix générales. Si chacun d'eux à part n'étoit maître de tous les individus ſortis de lui, qui n'ont pas encore voix dans l'aſſemblée, en vertu de quoi les aſtreindroit-il à ſe ſoumettre aux ordres qu'il en rapporte ? Les régles adoptées publiquement par les peres ne lieroient qu'eux dans la démocratie. Tous, après avoir

été rois.dans les comices , laisseroient
leur pouvoir & leur titre dans la rue ,
si ce titre & ce pouvoir ne les suivoient
jusque chez eux , & ne leur soumet-
toient leur postérité , quand ils sont
seuls , comme ils leur soumettent celle
même des autres , quand ils sont réunis.

CHAPITRE XXVI.

Pourquoi le développement du despotisme emporte nécessairement la destruction du pouvoir du chef de famille.

IL existe , comme on le voit , des raisons très-fortes , pour que le pouvoir paternel soit respecté dans les républiques , tant qu'elles respectent elles-mêmes l'honneur & la vertu : mais il y en a d'aussi pressantes pour l'anéantir , quand le despotisme s'y insinue à l'aide de l'opulence , du luxe, des arts , & de toutes les ressources d'une politesse perfide qui lui prépare de loin les voies. Il s'y développe tout-à-coup quand les cœurs sont assez gâtés pour que sa présence n'inspire plus d'effroi. Il couvre sous des aîles bigarrées des plus brillantes couleurs l'aiguillon l'aiguillon avec lequel il fait à l'humanité des plaies incurables. Il cache sous les apparences les plus séduisantes l'instrument terrible qui lui sert à déchirer les veines, & à boire le sang des hommes.

C'est alors que l'autorité paternelle céde à un pouvoir impérieux qui s'enrichit de ses ruines. Alors un ver imperceptible pique les racines de cet arbre vigoureux, qui donnoit sous son ombrage un asile sûr à la liberté. Il jaunit, il desseche, il dépérit, & meurt enfin, au milieu des applaudissements de la foule insensée que sa grandeur importunoit, & des regrets du petit nombre des bons esprits qui sont capables de démêler la cause & les suites de sa perte.

Le despote desire bien la paix : mais ce n'est pas à l'union des membres de son état qu'il veut la devoir : c'est à un motif tout contraire. Il tend à tout divifer, afin que rien ne s'uniffe contre lui. Il achete à grands frais des efpions & des fatellites. La moindre apparence d'harmonie le fait trembler, fi elle ne part point de la crainte que fa rigueur infpire. Tous les citoyens qui s'aiment lui deviennent fufpects : il regarde comme fes ennemis tous ceux qui vivent fans fe détefler entre eux ; & la moindre fympathie entre les corps ou les particuliers lui femble une confpiration , contre laquelle il fe raffure , en écrafant tout ce qui l'inquiéte.

Avec cette façon de penfer, qui ne voit combien l'autorité paternelle doit lui caufer de frayeur ? Qui ne fent combien il doit fe hâter de relâcher les liens qui attachent les familles à leur chef ? Une adminiftration fage & douce donne les peres pour furveil-lants aux enfants ; le defpotifme au contraire conflitue les enfants gardiens des peres. Il renverſe l'ordre naturel, pour établir un ordre abſurde plus favorable à ſes intérêts. Il n'eſt tranquille que quand le trouble regne dans toutes les maiſons qu'il s'eſt ſoumiſes.

Il encourage les délations de toute eſpece , & elles lui paroiſſent d'autant plus précieuſes que la main qui les préſente eſt plus chere à l'accuſé. Il accueille un fils, qui par une tendreſſe feinte pour l'état, met en péril l'auteur de ſes jours. Il attache l'abolition de tous les droits de l'humanité à un flétriſſure arbitraire , & plus ſouvent employée par lui contre l'innocence que contre le crime (*a*). Il ordonne aux épouſes de ſonder ſoigneuſement le cœur de leurs

---

(*a*) A ce ſujet voyez les loix de Juſtinien. Elles nous apprennent que la déportation étoit ſuivie de la mort civile, & faiſoit expirer tous les droits des peres. Cette eſpece d'exil étoit inconnu du temps de la répuolique. C'étoit une des inventions du deſpotiſme.

maris, & propofe un grand prix à celles qui pourront en tirer de quoi former des crimes, ou même des foupçons, (a) il affranchit un efclave, dès que fe portant pour délateur de fon maître, il fournit des prétextes pour le perdre (b). Enfin, fon plus grand foin, eft de percer, pour ainfi dire, les familles à jour, & d'y femer une défiance réciproque qui l'éclaire fur tout ce qui s'y paffe, de même qu'on

____

(a) Voyez à ce fujet les mêmes loix. Une des principales caufes qui autorifent une femme à demander le divorce, c'eft fi fon mari a confpiré contre l'état. Il ne s'agit évidemment dans cette loi, que d'une confpiration fecrette que la femme pourra découvrir. Une trame publique auroit été punie fur le champ par la mort du coupable, & la femme s'en feroit trouvée débarraffée, fans folliciter la féparation. Il eft donc clair que la condition qu'on y met tombe fur les projets cachés dont on invite la femme à fe rendre l'Argus & la délatrice. La loi fait du divorce le prix d'une trahifon.

(b) Voyez les mêmes loix, & toutes celles qui ont été portées en faveur des efclaves, depuis Augufte.

introduit une lumiere dans un lieu obſcur qu'on a deſſein de viſiter.

Le Deſpote veut non ſeulement être obéi, mais il veut régner ſeul, ou plutôt avoir ſeul du pouvoir: toute eſpèce d'autorité qui n'émane pas immédiatement de lui l'intimide. Il ne ſonge pas tant à reſter le maître de nommer aux emplois qu'à rendre les emplois mêmes deſtructibles à ſa volonté. C'eſt à ſon caprice, à ſes idées, qu'il conforme toutes les loix. Il veut avoir le droit de changer d'un moment à l'autre la conſtitution d'un Empire. Quand il n'uſe point de ce droit, il dit qu'il fait grace, & quand il en uſe, il prétend être juſte. C'eſt dans les criſes de ces mutations imprévues, c'eſt dans les embarras inſéparables d'un renverſement entier, qu'il s'irrite contre la lenteur de l'exécution, & qu'il frappe aveuglément ſur tous ceux qu'il ſoupçonne d'en être la cauſe.

C'eſt là, pour le dire en paſſant, ce qui le rend ſanguinaire, impitoyable. Il ne devient cruel que parce qu'on lui réſiſte : on ne lui réſiſte que parce qu'il veut détruire ; & il ne veut détruire que parce que l'amour du changement eſt dans ſa nature. Il ne ſeroit pas deſpote, s'il laiſſoit ſubſiſter ce qui eſt établi. Les innovations ſont inſéparables de ſon exiſtence, & les ſeuls vrais gouvernements deſpotiques, ſont ceux où les loix éprouvent des révolutions. Remarque importante, bien contraire aux principes de M. de Monteſquieu, & même de tous nos écrivains, & qui n'en eſt pas moins propre à jeter un grand jour ſur les préjugés où nous ſommes, relativement aux adminiſtrations Aſiatiques.

Pour parvenir à ſe ſatisfaire, le

Defpotifme travaille donc à détruire, tant qu'il peut, les pouvoirs qu'il a trouvé affermis à fon avénement. Il leur en fubftitue d'autres dont les titulaires puiffent n'être redevables qu'à lui. Comme le plus ancien, le plus facré, le plus indépendant, & même le plus actif, eft celui des peres, c'eft auffi l'un des premiers contre lequel il fe précautionne. Son but, & meme fon intérêt, eft qu'il n'y ait dans l'Etat de puiffance que la fienne & celle de fes miniftres, qu'il en dépouille à fon gré. Il n'a donc garde d'en fouffrir une autre dans laquelle il craint de trouver une rivale, & qui fubfifte d'elle-même fans avoir befoin de fes patentes.

Il l'anéantit avec d'autant plus de facilité, que les démarches qu'il hafarde dans cette vue, peuvent fe voiler d'un prétexte de bonté & de douceur. Juftinien en changeant toutes les anciennes difpofitions de la jurifprudence fur le pouvoir paternel, a foin de dire que lui ou fes prédéceffeurs ont corrigé les *outrages que ces vieilles ma-ximes faifoient à la nature* (a), qu'ils o nt *rectifié les erreurs d'un droit furanné.* Ces vieilles maximes avoient pourtant été la fauve-garde de la république dans fa jeuneffe. C'eft ce qu'on y fubf-tituoit qui en annonçoit la caducité. Ces erreurs avoient fait la fageffe des Romains dans le temps le plus floriffant de leur empire, & les prétendues lu-mieres qu'on employoit pour les rem-placer, n'en éclairoient que la déca-dence.

Ces fanfaronnades fpécieufes étoient fans doute un rempliffage très-propre à placer dans le préambule d'une loi.

(a) *Divi principes non paffi funt talem contra naturam injuriam..... Hæ juris anguf-tiæ poftea emendatæ funt....* Inftit. lib. 3. Juftinien dans le digefte, dans le code, dans les novelles, tient le même langage.

Il étoit beau de crier à la nation : les coutumes de vos ancêtres étoient trop rigoureuses, je viens les adoucir. Il étoit trop dur qu'un mari regnât despotiquement dans sa maison ; il y auroit de l'inhumanité de livrer sans ressource à ses caprices, sa femme, ses enfants, ses esclaves. Il faut donner à chacun d'eux des droits fixes, qu'ils tiennent du prince, & dont ils n'auront d'obligation qu'à lui. Il faut soustraire leurs biens & leurs têtes à la fantaisie d'un maître particulier, qui n'est après tout que leur égal devant le maître commun.

Rien n'étoit plus honnête à dire, je l'avoue : mais quand on voit l'imbécillité barbare de Claude (a) pren-

____

(a) Ce prince ordonna qu'un esclave que son maître auroit chassé dans une maladie, pour s'en épargner les frais, seroit libre s'il venoit à en réchapper.

dre la premiere la défenfe des efclaves contre les traitements cruels dont
on les accabloit ; quand on voit la
molleffe fanguinaire de Néron protéger ouvertement ces malheureux , &
défendre de leur ôter la vie fans formalité , tandis qu'il inondoit Rome
du fang des maîtres verfé militaire-
mant (a) ; quand on fonge que c'eft
probablement à quelqu'un de ces Car-
touches couronnés qui fouil'erent fi
long temps la poupre Romaine , que
les enfants furent redevables de leur
affranch.ffement ; quand on fait réflexion à la politique qui engageoit ces
monftres à priver les peres & les maîtres du droit de punir , tandis qu'ils fe

---

(a) C'eft fous Néron que fut portée la loi
Petronia , qui reftreignoit le pouvoir des maîtres fur la vie de leurs efclaves, & leur défen-
doit de les expofer aux bêtes, s'ils n'en avoient
obtenu la permiffion d'un magiftrat. Hift. des
empereurs, t. 4 , liv. 11.

réfervoient celui d'affaffiner ; on fait à quoi s'en tenir fur les principes de leur conduite.

On voit clairement que leur indulgence prétendue n'étoit que l'envie de tout corrompre. Ils n'affranchiffoient les fils que pour affervir les peres. Ils ne mettoient les femmes en liberté que pour captiver les maris. Ils ne protégeoient les efclaves que pour écrafer le maîtres. Tous mettoient foigneufement en œuvre cet axiome attribué à l'un d'entr'eux , *divife pour régner*. Et le comble du malheur pour les hommes, c'eft qu'on leur ait fu gré de cette humanité cruelle ; c'eft qu'on ait reçu avec autant de reconnoiffance que d'applaudiffement les préfents d'une bonté qui cachoit un poifon fi funefte.

N. B. Dans la premiere édition de ce livre, l'auteur avoit traité des avantages de

CHAPITRE XXVII.

Conclusion de ce livre.

QUE réfulte - t - il de ce livre, &
même de tout ce qui précéde en général ? Une vérité cruelle, mais néçef-
faire à dire aux hommes ; un axiome
auffi inconteftable que ceux de la géo-
métrie, aux yeux de quiconque fait
ufage de fa raifon; un principe dont on
ne fauroit douter, d'après les obfer-
vations que je viens de développer, &
celles que chacun y pourra ajouter de
foi - même. C'eft que la dépendance,

---

1. fervitude même comparée à la domefticité, & des caufes qui l'ont fait abolir en
Europe. Il a fait de ces réflexions un ouvrage
particulier fur les caufes & la maniere de fup-
primer la mendicité qui ne tardera pas à
paroître.

l'efclavage, la baffeffe, font, comme l'a dit un grand homme de nos jours dans une occafion moins férieufe, le lot des trois quarts des humains. C'eft de leur pénible affujettiffement que fe forme l'aifance voluptueufe de l'autre quart qui les gouverne.

Quelque nom que l'on donne à ces deux mobiles de la fociété; de quelque mafque qu'on les couvre; qu'on les appelle domefticité, ou fervitude, empire ou liberté, c'eft toujours pour les uns une abnégation totale d'eux-mêmes, un facrifice entier des droits attachés à la qualité d'hommes; & pour les autres un doublement, ou fi l'on veut, un abus de ces mêmes droits.

Qu'on foit fervi par des efclaves qu'on achete, ou par des manouvriers qu'on loue, rien n'eft fi indifférent, puifqu'on eft fervi. Le ferf n'eft pas dans une dépendance plus rude à l'égard de fon maître, que le journalier

à l'égard du besoin. Leurs chaînes tif-
fues de la même matiere, ne font que
diverfement coloriées. Ici elles font
noires, & femblent maffives : là elles
ont une apparence moins trifte, &
paroiffent plus évuidées : pefez - les
cependant avec impartialité, vous n'y
trouverez aucune différence ; les unes
& les autres font également fabriquées
par la néceffité. Elles ont précifément
le même poids, ou plutôt s'il y a quelques grains de plus d'un côté, c'eft de
celui qui annonce à l'extérieur plus de
légéreté.

Il feroit heureux que nous en fuf-
fions encore à cet égard, où en étoient
nos peres, où en font les Afiatiques,
& tant d'autres peuples qui ont mille
raifons de bénir leur fort, tandis que
nous en avons bien davantage de pleu-
rer fur le nôtre. Toutes les déclamations philofophiques qui combattent

cette maxime, font vuides de fens,
inutiles & même dangereufes.

Elles font vuides de fens, en ce
qu'elles roulent fur les mots, bien plus
que fur les chofes. Leurs auteurs difent qu'ils voudroient voir tous les
hommes libres ; mais ils ne fongent
pas que l'accompliffement de ce vœu
eft incompatible avec l'exiftence de la
fociété, à laquelle ils font pourtant
plus attachés que les autres ; parce
que le rafinement de leur goût la leur
rend plus néceffaire, & qu'ils en goû-
tent mieux les douceurs.

Leurs prêches politiques font inutiles, en ce que le monde n'en va pas
moins fon train ordinaire. Toutes
leurs lamentations fur la fervitude des
Négres n'ont pas fait rabattre un
fchelling des fonds de la compagnie,
qui des cabarets de Londres, donne
des ordres pour les acheter en guinée,
& les revendre en Amérique. Elles

n'ont pas fait augmenter d'un fou la paye ni de nos journaliers, ni de nos foldats, ni de nos domeftiques : c'eft le bon marché des fervices de cette efpece d'hommes, qui fait la richeffe de la fociété, & la bafe des gouvernements.

Aimez - les, foulagez - les, quand vous avez le bonheur d'en avoir à vos ordres ; mais ne leur infpirez ni haine, ni dégoût pour leur état. Loin de leur en faire fentir l'injuftice, attachez-vous à leur en inculquer la néceffité. Si vous en agiffez autrement, vos fpéculations prétendues philofophiques ceffent d'être vuides de fens : elles en prennent un fort dangereux. Elles ne font plus inutiles : elles deviennent très-redoutables.

Ne voyez - vous pas que l'obéiffance, l'anéantiffement, puifqu'il faut le dire, de cette nombreufe partie du troupeau fait l'opulence des bergers ?

Si les brebis qui la compofent s'avi-
foient jamais de préfenter la tête au
chien qui les raffemble, ne feroient-
elles pas bien-tôt difperfées & détruites, & leur maître ruiné ? Croyez-
moi, pour fon intérêt, pour le vôtre,
& même pour le leur, laiffez-les dans
la perfuafion où elles font, que ce
roquet qui les aboie, a plus de force
à lui feul, qu'elles toutes enfemble.

Laiffez-les fuir ftupidement au fimple afpect de fon ombre. Tout le
monde y gagne. Vous en avez plus
de facilité à les raffembler, pour vous
approprier leurs toifons. Elles font
plus aifément garanties d'être dévo-
rées par les loups. Ce n'eft, il eft vrai,
que pour être mangées par des hommes. Mais enfin, c'eft-là leur fort du
moment qu'elles font entrées dans une
étable. Avant que de parler de les y
fouftraire, commencez par renverfer
l'étable, c'eft-à-dire, la fociété.

Je fais bien que ce langage n'eſt pas celui que l'on tient ordinairement dans les livres : mais c'eſt celui de la raiſon & de la vérité. Je me ferois ſans doute plus de partiſans en embraſſant le ſentiment contraire : il prêteroit plus à l'éloquence. Il eſt plus honorable, & même plus facile de paroître prendre le parti de l'humanité contre ſes oppreſſeurs. Il eſt ſi aiſé de déclamer contre les puiſſances, & contre les maîtres ! On trouve ſans peine des expreſſions & des lecteurs, quand on ne préſente que des idées d'indépendance. On a à coup ſûr pour ſoi la multitude qui contemple avec tranſport ces peintures romaneſques : on a même quelquefois les gens ſages, qu'elles ſéduiſent quand elles ſont bien faites.

Mais de même que ce ſont les débauchés impuiſſants qui s'amuſent le plus des ouvrages licencieux, & des

eſtampes laſcives : de même auſſi ce
ſont les cœurs les moins capables de
goûter la liberté, qui ſe plaiſent davantage à en conſidérer les portraits.
Ce ſont ceux qui jouiſſent avec le plus
de volupté du renverſement entier
qu'a ſouffert le genre humain, qui
aiment le plus à entendre ſoutenir avec
élégance les ſyſtêmes qui tendent à
la reſtauration de ſes priviléges. Les
eſprits cultivés, délicats, qui ſeroient
les plus déſeſpérés de voir renaître
la liberté naturelle, ceux qui mépri-
ſent le plus les hommes, qui abuſent
avec moins de ſcrupule de l'empire
que la ſociété leur donne, ſont auſſi
ceux qui applaudiſſent avec plus de
tranſport à la prétendue grandeur
d'ame qui ſe ſouleve contre les liens
dont on accable leurs inférieurs.

De deux choſes l'une : où ils croient
expier par cette compaſſion ſimulée,
qu'ils ont ſoin de borner à une théorie

ftérile , les infultes qu'ils font à l'humanité dans la pratique ; ou , dans la
langueur à laquelle ils font réduits, ils
ont befoin qu'on réveille leur imagination par des defcriptions bizarres
& piquantes : & c'eft ce que font les
idées qu'on nous donne d'une liberté
univerfelle , & du droit qu'ont tous
les hommes à la revendiquer. Il n'y
a rien de fi bizarre que cet affortiment
fuppofé de l'indépendance générale
avec les douceurs de la fociété. Il n'y
a rien de fi piquant que le tableau
d'une grande infortune pour des fpec-
tateurs qui font fûrs de ne pas l'éprouver , & dont la curiofité voluptueufe
s'attache bien plus à jouir des talents
du peintre , qu'à approfondir la vérité
de l'hiftoire.

Peut-être même la malignité entre-
t-elle pour quelque chofe dans le plaifir qu'on trouve à lire des chimeres fi
bien écrites , & fi fortement expri-

mées. On sent qu'il n'en résultera jamais aucun changement effectif dans la société. On est convaincu que la cause des esclaves n'en deviendra pas meilleure par l'éloquence de ses défenseurs. On écoute donc avec une sécurité insultante les plaidoyers de leurs avocats. On les juge : on les apprécie : on les loue même, parce qu'on n'a point d'intérêt à les décrier : on leur laisse volontiers la gloire d'avoir bien défendu une cause qu'on est certain qu'ils ne gagneront pas : & chaque trait vigoureux qu'ils lâchent en faveur de la liberté, est un nouveau sujet de triomphe pour la partie qu'un arrêt inattaquable maintient dans le droit de la détruire.

Telles sont sans doute les raisons qui donnent tant de cours à ces contes de fées politiques, où un coup de baguette fait sortir du sein de la terre des sociétés d'hommes tous

égaux, tous riches, tous heureux. Les
philofophes qui les inventent ne fongent pas que, pour flatter le grand
nombre d'enfants à qui ils plaifent,
ils courent rifque d'indigner le petit
nombre d'hommes faits qui en fenti-
ront la frivolité. Ils amufent les maîtres ; mais ils agravent la mifere des
efclaves. Une complaifance fi inhumaine eft - elle digne de ces génies
élevés qui ambitionnent le titre de
précepteurs des hommes ?

La fociété fait du monde entier un
vafte cachot, où il n'y a de libres que
les gardiens des prifonniers. Sied - il
à ceux d'entre ces gardiens qui ont de
la voix, d'affecter de prendre pour
fujets de leurs chanfons les louanges
de la liberté ? Leur fied-il de fe réjouir
fur le feuil de la prifon, à faire fem-
blant d'en brifer la porte, tandis qu'ils
s'occupent foigneufement à en fortifier les verroux ? N'eft-ce pas outrager

les malheureux captifs que d'afficher des descriptions touchantes du bonheur dont ils jouiroient s'ils étoient libres, fur la grille même qui les tient renfermés ?

Ils veulent, difent-ils, confoler le genre humain ! Ah cruelle philofophie, que tes confolations font douloureufes, & que le zele qui les dicte eft indifcret ! Mes maux font incurables. Pourquoi t'obftines-tu à faire devant moi l'éloge de la fanté ? Tu fais briller ton efprit en differtant fur les fimptômes de ma maladie : mais tu ne m'apprends pas à en diffiper le principe. Tu te fais payer des illufions dont tu me berces ; mais, en rapprochant mon état de celui que tu me peins, je n'en fens qu'avec plus d'amertume la fauffeté des efpérances qui m'ont trompé.

Tes déclamations contre la fervitude reffemblent aux cris que jette un

oiſeau de proie, en déchirant la co-
lombe qu'il a liée dans ſes ſerres. Elles
m'indiquent la puiſſance de l'ennemi
impitoyable qui m'opprime : mais je
m'en apperçois bien mieux aux coups
de bec avec leſquels il m'écraſe la
tête. Ou tue mon tyran, ou ne me
montre point l'horreur de ſa tyrannie.
Ne me dis point que tu peux m'y ſouſ-
traire, puiſque rien n'eſt ſi faux. Laiſſe-
moi croire que les tourments que j'en-
dure ſont juſtes & inévitables. Peut-
être trouverai - je dans l'impoſſibilité
de me ſauver quelque reſſource pour
ſupporter avec plus de patience les
angoiſſes dans leſquelles il faut que
j'expire.

Quel eſt donc le but de tes diſcours ?
Je ſouffre, &, ſuivant toi, je pour-
rois, je devrois même ne pas ſouffrir.
Je péris dans les fers, & tu me cries
qu'on n'a pas droit de m'y retenir.
Quel eſt donc ton deſſein ? Eſt-ce de
me

me forcer à réunir dans mon cœur le
fentiment de l'injuſtice à celui de l'eſclavage ? Eſt - ce de redoubler mes
regrets en augmentant mon infortune,
& de mettre le comble à mon déſeſpoir en me préſentant l'image d'une
félicité à laquelle je ne puis plus prétendre ?

Combien plus ſage ſeroit la voix
terrible, mais ſincere qui me diroit :
ſouffre & meurs enchaîné : c'eſt là ton
deſtin. La ſociété vit de la deſtruction des libertés, comme les bêtes
carnaſſieres vivent du meurtre des
animaux timides. Puiſque tu n'es pas
né tigre, ne murmure pas contre la
Providence qui t'a fait naître agneau.
Sois content de ton partage, puiſque
tu ne peux en eſpérer un autre ; &
lors même que le monſtre dont tu dois
être la pâture te dévore, ſubis ton ſort
avec réſignation, puiſqu'il n'eſt pas

possible de le changer; puisqu'en diffé-
rant ton supplice tu ne l'éviterois pas,
& que ta résistance, en rendant ta fin
plus lente, ne la rendroit aussi que
plus cruelle.

Fin du tome troisieme.

TABLE

DES CHAPITRES.

Suite du Livre quatrieme.

LIVRE CINQUIEME.

Fin de la Table du tome troisieme.